小野寺孝義・大藤弘典
Takayoshi Onodera & Hironori Ootou

# jamoviで学ぶ心理統計学

Psycho-statistics
course with
**jamovi**

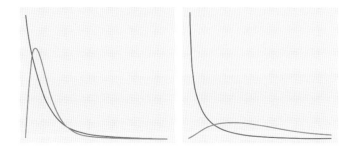

ナカニシヤ出版

# まえがき

　以前に出版した「文科系学生のための新統計学」は幸い好評を博しました。しかし，出版から 15 年が経ち，内容が更新されないといけないと感じるようになりました。また，大学の授業自体の中身も従来のままではいけないのではないかと感じるようになりました。前著でも，取り上げていたメタ分析や効果量，$p$ 値からの脱却はますます加速しています。しかし，最も更新が必要なのはベイズ統計学の台頭でしょう。このような状況は 15 年前には想像しておらず，統計学は少なからず安定し，確固としたものとして教えることに疑問はありませんでした。しかし，統計学に大きな変革が起きている中で，学ぶとするなら学生は現在の統計学の位置づけを知っておく必要があります。そうしないと伝統的分析法と線形モデル，頻度論とベイズなど異なる立場の混在に混乱してしまうことでしょう。そういう意味で本書では，「統計学史」という他の統計学テキストにはない章をもうけました。

　もう 1 つの特長としては統計ソフト jamovi を取り上げたことです。教育場面では，実際に統計ソフトで分析し，出力を解釈することは欠かせません。以前は，そのために利用でき，薦められるフリーソフトがまだ存在していませんでした。初心者に勧めるには敷居が高い，解析手法が少ない，日本語対応に問題があるなど，どれも一長一短だったのです。そのため前著では暗に SPSS などの商用ソフトを利用することを前提としていました。しかし，初心者でも簡単に扱えるユーザーフレンドリーな統計ソフト jamovi が現れたことで状況は一変しました。jamovi の背後では世界中で信頼されている統計環境の R が動いています。

　本書では 1 章を割いて jamovi の操作について解説します。しかし，単なる jamovi の操作マニュアルではなく，あくまで統計テキストであることに重点を置いたつもりです。ですから，他の統計ソフトを利用していたとしてもそれほど問題はないはずです。とはいえ，ソフトにページを割いた分，統計の数学的な解説という点ではどうしても不十分なところも出てきます。しかし，そのあたりは大学の授業の中で補われるはずです。まずは jamovi でデータを探ってみてください。

　最後に，あまり前例のない統計テキストの出版に理解を示して機会を与えてくれたナカニシヤ出版の宍倉由高さんにお礼申し上げます。

# 目 次

# jamoviの使い方

　jamoviはフリーソフトなので無料で利用でき，Windows版とMac版，Linux版があります。統計環境Rの上に構築されており，裏ではRが動いています。といっても別途Rをインストールする必要はありません。jamoviのインストールだけでRも同時にインストールされます。Rは非常に広く利用され，信頼されている統計言語ですが，コマンドを打ち込むことが基本なので直感的に操作するというわけにはいきません。まずは事前にコマンドを知っておく必要があります。また，データも表計算ソフトのように表示されているわけではなく，よくある統計ソフトとは別物です。操作自体に慣れるまでに時間がかかり，統計初心者には敷居が高いのです。一方，SPSSやStataのような統計プログラムはユーザー・インターフェイスが優れており，直感的に操作できます。問題は，学生が購入するには高価なことです。SPSSの無料クローンを目指したPSPPや独自に開発された統計プログラムもありますが，開発が途中から進まなかったり，個人が開発しているので互換性の問題が起きるなど将来が不安なこともあります。jamoviはチームとして開発され，コミュニティが存在します。また，自分の分析プログラムを組み込むことも可能です[1]。

　jamoviはRとの親和性が高く，メニューから実行した分析をRのコマンドとして見ることもできます。ですから，普段Rを使っている人でもどういうコマンドで分析したらよいか迷ったら，jamoviで分析してRのコマンドを知るという使い方もできます。こうしてjamoviとRを双方向的に使うというなかで，学習を進めていくこともできるのです。

　また，後で触れるようにjamoviはExcel，SPSS，SAS，Stata，JASP，Rのデータファイルを読み込めますのでデータの移行もスムーズです。エクスポート機能もあるので，逆方向でExcel，SPSS，SAS，Stata，JASP，Rのデータファイルとして出力もできます。

　そして何よりも最初にjamoviで驚くのは分析結果がリアルタイムで反映される気持ちよさでしょう。従来のソフトでは結果は累積的に加えられていき，出力が膨大になりがちでした。jamoviでは分析指定が，直ぐに結果に反映されます。こうするとああなるが，すぐにわかるのです。加えて，出力される表や図，引用文献のスタイルはAPA(American Psychological Association：アメリカ心理学会)の標準書式

---

[1]https://dev.jamovi.org/

に沿ったものです。APA スタイルは心理学の実質的な世界標準ですので，図表スタイルや文献書式を学ぶうえでも jamovi は有益です。

　最後に日本語対応について述べておきます。今のところ，メニュー等を日本語化する方法はありません。しかし，文字列データとして日本語が入っていても文字化けすることはないようです。また，変数名に日本語を利用してもデータ画面上では問題ないようです。とはいえ，半角カナなどは避けるべきでしょう。変数名で日本語が使えると言っても，分析出力のグラフ・タイトルで文字が化けたり，希に分析時点でエラーが生じることもあります。jamovi 自体が日本語対応をうたっているわけではないので，使えると言っても保証があるわけではありません。変数名には半角英数字を使っておいた方が無難でしょう。基本的には R で動いているので，R でエラーになるような変数の命名はしない方がよいでしょう。

　jamovi の日本語の資料はそう多くはありません。しかし，Navarro and Foxcroft(2019) の learning statistics with jamovi: a tutorial for psychology students and other beginners がインターネットから無料でダウンロードでき，それを翻訳したものが芝田征司教授によりネット上で公開されています。

## 1.1　jamovi のインストール

　まず，https://www.jamovi.org/の jamovi の HP に行きます。

　メニュー「download」を選択します。バージョン番号に続いて solid(安定版) と current(最新版) があります。solid はより安定しているという意味で通常は安全ですが，jamovi は開発の進行が早く，最新版で利用可能な機能が増えていることが多いので，current 版をインストールするのがお薦めです。ダウンロードが済んでインストールが終了したら，起動してみましょう。

　すでにインストール済みで，最新版にアップグレードする場合には，最新版をダウンロードしてインストールしてください。旧版を自動検出してアンインストールするか聞いてきますので，「yes」として進めていけば旧版アンインストール後に新版がインストールされます。

　jamovi でデフォルトでインストールされている分析手法は表 1.1 にある◎が付いているものです。◎が付いていないものは，後からモジュールとしてインストール可能です。インストールすると分析メニューに現れるものと分析メニューには現れないが，個々の分析で出力として追加されるものがあります。jamovi の開発は精力的に進められているので，このような追加モジュールは日々増えています。実際，執筆中にも新たなモジュールが追加されています。将来はさらにいろいろな分析法が組み込まれていくでしょう。ここではデフォルト以外で本書で取り上げているものは○で示しています。

表 1.1: 分析メニュー

| | メニュー | 分析内容 |
|---|---|---|
| ◎ | Exploration | 記述統計・散布図・プロット |
| ◎ | T-Tests | 独立な標本の $t$ 検定，対応のある $t$ 検定，1 サンプル $t$ 検定 |
| ◎ | ANOVA | 分散分析，共分散分析，繰り返しのある分散分析，多変量分散分析，多変量共分散分析 |
| ◎ | Regression | 相関と線形回帰，ロジスティック回帰 |
| ◎ | Frequencies | $\chi^2$ 検定，対数線形回帰 |
| ◎ | Factor | 信頼性係数，主成分分析，探索的因子分析，確証的因子分析 |
| ○ | gamlj | 一般線形モデル，一般化線形モデル，線形混合モデル，一般化線形混合モデル |
| ○ | jsq | ベイズ統計（各種分析にベイズ統計量を出力） |
| ○ | MAJOR | メタ分析 |
| ○ | scatr | 散布図とパレート図 |
| | behaviorchange | 行動変容研究ツール |
| | blandr | Bland-Altman 分析 |
| | ClinicoPath | 臨床病理学でよく使われる分析 |
| | deathwatch | 生存分析 |
| | distrACTION | 分布関数の計算とプロット |
| | Flexplot | 一般線形モデルとプロット |
| | jamm | 高度な媒介分析モデル |
| | jmvbaseR | 各種分析で R の出力を表示 |
| | jpower | 検定力分析 |
| | lsj-data | 無料 jamovi テキストのデータ例 |
| | medmod | 媒介分析 |
| | moretests | $t$ 検定，ANOVA，ANCOVA，回帰分析に正規性検定の Kolmogorov-Smirnov 検定，Anderson-Darling 検定追加 |
| | psychoPDA | 心理測定の項目感度分析 |
| | r-datasets | R のデータセット例 |
| | Rj | jamovi 内で R のコードを走らせるためのエディタ |
| | seolmatrix | 偏相関，テトラコリック相関，評価者内信頼性 |
| | snowIRT | 項目反応理論（Rasch モデル） |
| | TOSTER | 同質性検定 (TOST) |
| | ufs | 効果サイズの信頼区間，サンプルサイズ他 |
| | walrus | 頑健統計量，頑健 $t$ 検定，頑健分散分析他 |

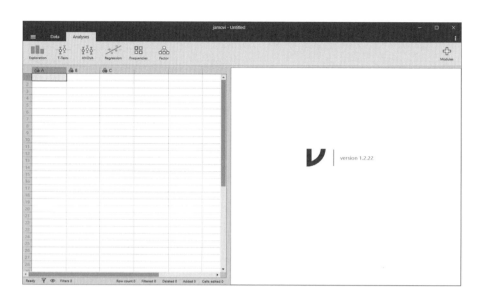

図 1.1: 起動画面

　図 1.1 が起動画面です。左側にはデータが表示されるデータ画面で，デフォルト
では A, B, C の 3 つの変数が表示されています。右側は分析を行うと結果が表示さ
れる画面になります。一番上のメニューには「≡」,「Data」,「Analyses」が表示さ
れています。「≡」をクリックするとデータの読み込みや保存，使用したデータの履
歴が表示されます。「Data」ではデータの切り取り，コピー，ペーストやデータ属性
の設定，変数の変換や合成変数の作成，データの選択を行います。「Analyses」では
統計分析の選択を行います。上から 2 段目にはアイコンと分析法が示されます。デ
フォルトでは表 1.1 にある◎印の付いた 6 つの分析法だけが表示されています。

### 1.1.1　追加オプションのインストール

　jamovi の起動画面の右上にある「＋」(Modules) を押し，その下に表示される
「jamovi library」を選択します。表示された画面のメニューで「Installed」には既
にインストール済みの分析が表示され，「Available」にはまだインストールされてい
ない利用可能な追加分析オプションが表示さます。
　「Available」を選んで，[INSTALL] ボタンを押して追加分析オプションをイン
ストールすれば，jamovi の分析メニューに新しい分析が表示されるか，既存の分
析法にオプションが追加出力されるようになります。また，更新版がある場合には
[UPDATE] ボタンが出ていますので押して更新しましょう。どうしてもインターネッ
トから直接にオプションをインストールできない場合には,「Sideload」を選択，上向

き矢印を押して，ファイルからインストールすることもできます。ファイルは jamovi の HP の「resources」「jamovi library」からあらかじめダウンロードしておきます。

## 1.2　jamovi の設定

　図 1.1 のメニューの右上端に「︙」の印がありますので，それを選択することで全体的な設定ができます。表 1.2 には設定可能な一覧を示しています。プロットや色，小数点以下の表示などは，指定を変更すると結果にリアルタイムで反映されるので確認しながら，気に入った表示に変えることができます。

## 1.3　データの入力

　図 1.1 の起動画面の左が表計算ソフトのような画面になっていますので，そのままデータを打ち込んで入力していくことができます。変数名はデフォルトで A, B, C となっていますが，その変数名のところをマウスでダブルクリックすると変更できます。「DATA VARIABLE」のところに変数名を入力します。他にも設定ができますが，データが少ない時以外は，直接データを入力することはあまりないでしょう。ファイルからデータを読み込む場合には，次のセクションの「データの読み込み」を見てください。

図 1.2: 全体設定

## 1.4　データの読み込みと保存

メニュー「≡」から

**New** データの新規作成

**Open** データの読み込み　jamovi ファイル (*.omv)，コンマ区切りの csv ファイル (*.csv)，Excel の xlsx ファイル (*.xlsx)，JASP ファイル (*.jasp)，Stata ファイル (*.dta)，SPSS ファイル (*.sav)，R のデータ (RData, *.RDS)，SAS ファイル，libreoffice ファイル (*.ods) に対応。

**Import** データの挿入　データの読み込み (Open) と同じファイルが読み込めますが，既存の
データの後に挿入される形で読み込まれます。

**Save** データの保存　jamovi の標準ファイル (*.omv) で保存。分析結果も一緒に保存可能。

**Save As** データに名前を付けて保存

**Export** 出力　PDF ファイル, html ファイル, jamovi ファイル (*.omv), Excel の csv ファ
イル (*.csv), Stata ファイル (*.dta), SPSS ファイル (*.sav), R のファイル (*.RData,
*.RDS), SAS ファイルに対応。

**Recent** 最近利用したファイルが示されます。

表 1.2: jamovi の設定

| 表示 | 機能 | 内容 |
|---|---|---|
| Zoom | jamovi 表示の<br>拡大・縮小 | |
| **Result (結果)** | | |
| Number format | 小数点以下<br>桁数 | 分析結果の<br>桁数 2〜16 |
| p-value format | $p$ 値の小数点<br>以下桁数 | 桁数 3〜5 |
| References | 結果に既定の文献を挿入 | Visible(出力)<br>Hidden(なし) |
| Syntax mode | R のコマンドを<br>表示 | |
| **Plots (図示)** | | |
| Plot theme | プロット<br>テーマ | Default：デフォルト<br>Minimal：最小限<br>I♥SPSS：SPSS 風<br>Hadley：統計学者・データ科学者の<br>Hadley Wickham の ggplot 風 |
| Color palette | 色の指定 | Plot theme に<br>加えて幾つか<br>色指定可能 |
| **Import (取り込み)** | | |
| Default missings | 欠損値 | 欠損値を指定する。<br>デフォルトでは<br>N/A となっているので<br>9999 のように欠損値を<br>数値で指定する |
| Screen Capture Tool | スクリーン<br>キャプチャ | 画面を PNG ファイルで<br>保存 |
| Developer mode | デバッグ | 分析中にエラーが<br>出た時，問題点を表示 |

## 1.5　データの設定

データの設定はメニューの「Data」「Setup」から行います。図 1.3 は「Setup」を選択した画面です。

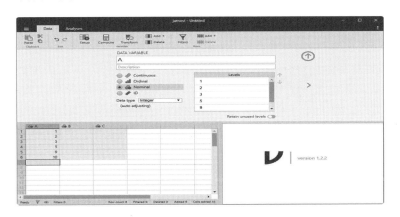

図 1.3: 設定画面

「DATA VARIABLE」のところで変数名を入力します。その下に「Description」とあるのは，SPSS などでは変数ラベルと呼ばれるもので，その変数の説明です。必ず入れなくてはならないものではありませんが，変数名は短いので説明を入れた方がわかりやすくなります。

### 1.5.1　データの尺度水準

分析を行う際には，どのデータが使えるかを判断する必要があります。例えば，男性を 1，女性を 2 とコーディングしたときに平均値をとって 1.5 としても意味がありませんし，女性は男性より大きいとか，2 倍だとか言っても意味がありません。データを区別するためによく利用されるのは Stevens の 4 つの尺度水準と呼ばれるものです。名義尺度，順序尺度，間隔尺度，比尺度があり，名義尺度から比尺度にいくほど情報量が多くなり，尺度水準が上と考えることができます。多くの量的な分析法は間隔尺度以上を前提としています。一方，度数の記述や検定，ノンパラメトリック検定などは名義尺度や順序尺度が適切になります。こちらを質的分析とかカテゴリカルな分析と呼ぶこともあります。

多変量解析や分散分析などの検定は間隔尺度以上を前提としていますが，現実には順序尺度であるアンケート結果を因子分析したり，分散分析で検定することがあります。そうしても許されるのだとする議論もありますが，基本的には前提を無視

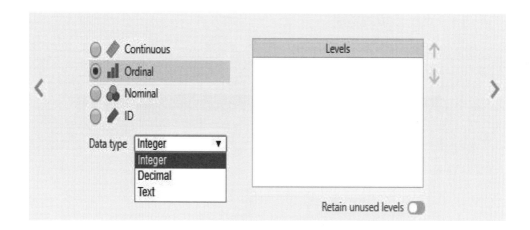

図 1.4: 尺度水準とタイプ

して分析を行っているのですから，分析結果は多くの誤差を含むものであることを
常に念頭に置いて，結果の解釈には慎重で謙虚な姿勢が必要です。

　jamovi では間隔尺度以上ということで間隔尺度と比尺度は連続量 (Continuous)
としてまとめて，スケールのアイコンにしています。順序尺度は棒グラフか表彰台
のようなアイコンです。名義尺度は色の 3 原色のようなアイコンで示されています。
これらのアイコンは SPSS のそれとほぼ同じものです。

表 1.3: データの尺度水準

|  | 尺度水準 | 説明 | 例 |
|---|---|---|---|
| Continuous | 連続量<br>(比尺度と<br>間隔尺度) | 間隔尺度は数値間の<br>間隔が保証されている。<br>比尺度は間隔尺度で<br>かつ，0 が意味を持つ。 | 西暦，摂氏の<br>温度<br><br>身長，体重 |
| Ordinal | 順序尺度 | 数値がラベルの意味と<br>順序の情報を持つ。 | 競争順位 |
| Nominal | 名義尺度 | 数値は区別のための<br>ラベルの意味のみ。 | 性別 |
| ID | | そのケースにのみ<br>割り当てられた<br>独自の数値 | マイナンバー<br>学籍番号 |

　起動直後のデフォルト変数 A, B, C では変数名の前に名義尺度のアイコンが付い
ています。データ画面でセルに例えば 0.5 と入力するとアイコンがスケールに自動
的に変わります。jamovi が小数点以下の数値があるなら連続量だと自動的に判断し

て変更してくれるということです。データをファイルから読み込む場合でも，自動的に判断をしてくれますが，連続量であっても整数値である場合などは名義尺度と判断されますので，必要なところはユーザが変更する必要があります。

　ID は Stevens の尺度水準に該当しないものです。これはケースを識別する固有の数値がある場合に指定します[2]。ケース No や学籍番号などで SPSS や Stata ではキー変数に相当し，データセット同士を結合するような場合にケースを対応させるのに利用できます[3]。

　「Levels」と表示されたところには名義尺度と順序尺度の場合だけ，取り得る値が表示されます。

### 1.5.2　データのタイプ

　表 1.4 にはデータのタイプを示しています。データの尺度水準に続いて，データのタイプを指定します。デフォルトでは「integer」で整数となっています。

表 1.4: データのタイプ

| Data Type | 型 | 説明 |
|---|---|---|
| Decimal | 実数型 | 小数点以下を含む数値 |
| Integer | 整数型 | 小数点を含まない数値 |
| Text | テキスト型 | 文字列 |

　データの尺度水準で間隔尺度といっても，整数の場合もあれば実数の場合もあります。どれかを指定しておきます。基本的には実数「Decimal」にしておくことをお薦めします。

#### 複数変数の一括設定

　ひとつ 1 つの変数の設定は「Data」「Setup」から設定画面で行うこともできますし，データ画面の変数をダブルクリックして設定画面に入って行うこともできます。左右に表示される「＜」「＞」を押せば，前の，あるいは次の変数を選択できます。しかし，読み込んだデータがすべて名義尺度となっていたりした場合，ひとつ 1 つ変数の設定をしていくのは面倒です。そのような場合にはデータ画面で変数名を範囲選択指定してください。そうしてデータ設定を行うと選択された変数に一括して変

---

[2]テキストも入力できますが，お薦めしません。

[3]まだ，ケースを対応させてデータセットを結合する機能は jamovi にはありませんので，他のソフトで利用するときに便利になる変数です。分析には通常使いません。

更が行えます。変数が連続して並んでいない場合には，1つの変数を選択後，「Ctrl」キーを押せば，離れた変数もまとめて選択可能になります。

## 1.6 新規変数の作成と変数変換

### 1.6.1 Compute(計算) 新規変数の作成

変数を合計して合計得点からなる変数を作成したり，対数や指数に変換したり，新規変数を作成したい場合があります。SPSS なら「変数の計算」という機能に相当します。jamovi でもこの機能は「Compute」(計算) となっており，メニューの「Data」にあります。変数の作成，変換やケースの選択操作には多くの関数が使えます。すべてを挙げることはできないので表 1.6，表 1.7 に使用頻度が高そうなものを，表 1.8 には利用可能な論理記号，表 1.9 には変換規則とその例を示しています。

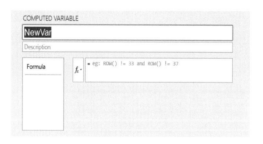

図 1.5: 新規変数作成と変数変換

図 1.5 の上は「Compute」をはじめに選択した画面で，下は入力後の画面です。まず，「COMPUTED VARIABLE」に新規変数名を入力します。実際には jamovi が適当な変数名を与えているので，それでよければそのままでもかまいません。その下に「Description」とあるのは変数ラベルです。

まず，薄く「$f_x$」と表示されているボタンをクリックします。すると数式エディタがプルダウンで表示され，図 1.5 の下のような画面になります。

表 1.5: MEAN と VMEAN の例

| CAT | X | Y | Z | MEAN(X,Y,Z) | VMEAN(X) | VMEAN(X, group_by=CAT) |
|-----|---|---|---|-------------|----------|------------------------|
| 1 | 10 | 10 | 10 | 10 | 25 | 15 |
| 1 | 20 | 20 | 20 | 20 | 25 | 15 |
| 2 | 30 | 30 | 30 | 30 | 25 | 35 |
| 2 | 40 | 40 | 40 | 40 | 25 | 35 |
| 平均 | 25 | 25 | 25 | | | |

ここで 2 種類の統計値が出てきます。例えば，MEAN と VMEAN です。VAR 以外で頭に「V」が付く V 関数はデータを列 (縦) の方向で求めた値になります。つまり，変数ごとの値です。V 関数と ABSZ 関数は VMEAN(A, group_by=B) のように「group_by=カテゴリ変数」というオプションが利用できます。その場合，カテゴリ変数の水準ごとの平均値が求められることになります。覚え方としては「Vertical(垂直)」の V と覚えておけば，垂直は縦なので列ごととわかると思います。V が付かない多くの関数は水平，つまり行の方向で求めた値です。言い換えれば，変数間について求めた値と言うことです。表 1.5 にはそれぞれの平均についての例を示しています。ここでは CAT がカテゴリ変数です。他の関数も使い方は同様です。

こうして既存の変数から新規作成された変数は変数名のあとに「●」が示され，データシート画面で勝手に変更できなくなります。もとの変数が変わったわけでもないのに新規の合成変数を簡単に変更できる仕様だとデータの一貫性が損なわれますのでこれは安全な仕様と言えます。

jamovi で利用可能な関数は急激に増えています。本書でも企画時点から執筆時点で多くの関数が追加されました。今後もユーザーからの要望に応えて便利な関数が増えていくことが期待できますので，HP でチェックするとよいでしょう。

## 1.6.2　Transform(変換) 変数の変換

変数の変換はメニューの「Data」「Transform」から行います。「TRANSFORMED VARIABLE」の下のボックスに変換後の任意の変数名を入力します。デフォルトでは****(2) のように変数名が与えられています。「Source variable」には変換に使う元の変数名を入れます。▼を押すことで別の変数を選択することができます。「using transform」の▼を押して，「Create New Transform」を選び，新しい変換規則を作成します。「TRANSFORM」の下のボックスには変換規則の名前を入力します。デ

表 1.6: 変数作成・変換・選択で使える関数 1

| 関数名 | 意味 | 数学表記, 説明 |
|---|---|---|
| **Math（数学関数）** | | |
| ABS() | 絶対値 | ABS(2)=\|2\| |
| EXP() | 指数 | EXP(2)=e$^2$ ： e= 2.71828... |
| LN() | 自然対数 | LN(2)=log$_e$ 2 |
| LOG10() | 常用対数 | LOG10(2)=log$_{10}$ 2 |
| SQRT() | ルート | SQRT(2)=$\sqrt{2}$ |
| **Statistical(統計関数)** | | |
| ABSZ(変数) | 変数の標準化得点の絶対値 | ABSZ(A)<br>変数 A の標準化得点の絶対値 |
| BOXCOX(変数,λ) | Box-Cox 変換：べき正規変換<br>(正規分布に近づける変換) | BOXCOX($x$,λ)=$\dfrac{x^\lambda - 1}{\lambda}$,<br>(λ ≠ 0)<br>BOXCOX($x$,0)=log $x$,<br>(λ = 0) |
| MAX(変数,…) | 変数間最大値 | 行 (ケース) 単位で指定変数の最大値 |
| MAXABSZ(変数,…) | 変数間絶対値の最大値 | 行 (ケース) 単位で指定変数の絶対値の最大値 |
| MEAN(変数,…) | 変数間の平均 | MEAN(A,B,C)=$\dfrac{A + B + C}{3}$ |
| MIN(変数,…) | 変数間最小値 | 行 (ケース) 単位で指定変数の最小値 |
| SCALE(変数)<br>Z(変数) | 変数の標準化値 | SCALE(A), Z(A)<br>変数 A の標準化得点 |
| STDEV(変数,…) | 変数間標準偏差 | 行 (ケース) 単位で指定変数間の標準偏差 |
| SUM(変数,…) | 複数変数の合計 | SUM(A,B,C)=A+B+C |
| VMAX(変数) | 変数の最大値 | VMAX(A)<br>A の最大値だけの変数 |
| VMEAN(変数) | 変数の平均 | VMEAN(A)<br>A の平均だけの変数 |
| VMED(変数) | 変数の中央値 | VMED(A)<br>A の中央値だけの変数 |
| VMODE(変数) | 変数の最頻値 | VMODE(A)<br>A の最頻値だけの変数 |
| VN(変数) | 変数のケース数 | VN(A)<br>A のケース数だけの変数 |
| VSE(変数) | 変数の標準誤差 | VSE(A)<br>A の標準誤差だけの変数 |
| VSTDEV(変数) | 変数の標準偏差 | VSTDEV(A)<br>A の標準偏差だけの変数 |
| VSUM(変数) | 変数の合計 | VSUM(A)<br>A の合計だけの変数 |
| VAR(変数,…) | 変数間分散 | VAR(A,B,C)<br>A, B, C の分散 |
| VVAR(変数) | 変数の分散 | VVAR(A)<br>A の分散だけの変数 |

表 1.7: 変数作成・変数変換・ケース選択で使える関数 2

| 関数名 | 意味 | 表記例と補足 |
|---|---|---|
| **Text(文字列関数)** | | |
| CONTAINS<br>(検索対象, 変数) | 数値・文字の有無 (1,0) | CONTAINS("a",C)<br>変数 C に文字 a が<br>あれば 1, なければ 0。<br>数値なら""で括らず,<br>CONTAINS(1,C) でよい。 |
| SPLIT(変数, 区切り, 出力) | 変数を区切り記号で<br>分割, 出力部分を表示。 | SPLIT(A,'/',2)<br>A が日付データで<br>2020/8/12 なら「/」で<br>3 つに分割され 2 番目の<br>8 が出力される。 |
| **Misc(その他)** | | |
| FILTER<br>(変数, フィルター表現) | フィルター表現に<br>あった値を返す。 | FILTER(Var1,Var1<= 2)<br>Var1 が 2 以下のみ |
| VROWS<br>(変数, group_by<br>＝カテゴリ変数) | カテゴリ変数の<br>水準ごとのケース数を返す | VROWS(Var1, group_by Sex)<br>男女ごとのケース数 |
| **Simulation(シミュレーション関数)** | | |
| BETA($\alpha$,$\beta$) | ベータ分布から抽出 | BETA(2,5)<br>ベータ分布は<br>パラメータ次第で<br>大きく変わる。 |
| GAMMA(shape,scale) | ガンマ分布から抽出 | GAMMA(9,0.5)<br>shape:形状パラメータ,<br>scale:尺度パラメータ |
| NORM(平均,SD) | 正規分布から抽出 | NORM(0,1)<br>平均 0, SD1 の正規分布 |
| UNIF(min,max) | 一様分布から抽出 | UNIF($-10$,10)<br>最小値 $-10$, 最大値 10 の<br>一様分布 |

表 1.8: 利用可能な論理記号

| 記号 | 意味 | 例 | 例の意味 |
|---|---|---|---|
| $<$ | 未満 | $A < 2$ | A が 2 未満 |
| $<=$ | 以下 | $A <= 2$ | A が 2 以下 |
| $>$ | 超過 | $A > 2$ | A が 2 を超える |
| $>=$ | 以上 | $A >= 2$ | A が 2 以上 |
| $==$ | 等しい | $A == 2$ | A が 2 に等しい |
| $!=$ | 等しくない | $A! = 2$ | A が 2 に等しくない |
| *NOT* | 否定 | NOT($A == 2$) | A が 2 でない |
| *or* | あるいは | (A==2) or (B==2) | A が 2, あるいは B が 2 |
| *and* | かつ | (A==2) and (B==2) | A が 2 でかつ B が 2 |

フォルトでは Transform 1 のように名前が与えられています。「Description」のボックスには変換規則の説明を記述します (変換規則ラベル)。「+ add recode condition」を押せば，変換規則を追加していくこともできます。変換規則を作成すると，それを他の変数に繰り返し適用することができます。その場合には，適用する変数名として固有の変数名を使わず，「$source」とします。こうすることでどの変数にも，作成した変換規則を繰り返し実行できます。「Variable suffix」に文字を入力すると新しく作られる変数名の語尾にその文字がつきます。例えば，「_」や「1」と入れると新規の変数名が「var_」や「var1」のように語尾がつきます。「fx」の右に変換規則を入力します。その際，変数を指定する必要がある関数の場合，「fx」を押して表示される「Variables」から変数を選択できます。

表 1.9: 変換規則例

| 変換 | 内容 |
|---|---|
| IF(Q1==10,1,0) | Q1 が 10 なら 1 に変換し，10 以外は 0 に |
| IF(Q1<=10,1,0) | Q1 が 10 以下なら 1 に変換し，それ以外は 0 に |
| IF(Q1<=10 or Q2<=10,1,0) | Q1 あるいは Q2 が 10 以下なら 1 に変換し，<br>それ以外は 0 に |
| IF(Q1<=10 and Q2<=10,1,0) | Q1 と Q2 が 10 以下なら 1 に変換し，<br>それ以外は 0 に |
| IF(Q1>=1 and Q1<=10,1,IF(Q1>10 and Q1<=20,2,IF(Q1>20 and Q1<=30,3))) | |
| 1〜10 は 1，　11〜20 は 2，　21 から 30 は 3 に変換 | |
| IF(Q1==0,0,Q2/Q1) | Q1 が 0 なら 0 のままにし，<br>0 以外なら Q2/Q1 を Q1 に。<br>Q2/Q1 の計算における 0 の除算を避けている。 |
| IF($source==0,0,1) | その変数が 0 なら 0，それ以外は 1。 |
| IF($source==1,5,IF($source==2,4,IF($source==3,3,IF($source==4,2,IF($source==5,1,−9999))))) | |
| | 5 段階尺度の逆転項目を変換。<br>1 は 5，2 は 4，3 は 3，4 は 2，5 は 1 に変換。<br>例外は −9999 としている。<br>作成した変換規則は$source を使っているので<br>他の変数に繰り返し適用できる。 |
| Q1−VMEAN(Q1) | Q1 から Q1 平均を引いて，中心化の操作をする。<br>MEAN ではなく，個々の変数なので VMEAN を<br>使うことに注意。 |
| $source−VMEAN($source) | 任意の変数からその変数の平均を引いて，<br>中心化の操作をする。上の Q1 の例を一般化して，<br>どの変数にも使える規則にしたもの。 |
| ABS(Q1) | Q1 の絶対値を返す。 |

### 1.6.3　Filters(フィルター) ケースの選択

　分析でよくあるのは，あるサブグループだけを分析対象にしたいということでしょう。そのためにはメニュー「Data」から「Filters」アイコンを選択します。SPSS などで「ケースの選択」に相当する機能です。「Transform」と似た画面が表示されますが，「*fx*」の規則入力で右端に「＋」が表示されます。それを押すことで「and」で選択条件を加えていくことができます。ケースが本当に選択されているのかどうかはデータ画面で確認できます。緑色のチェックが入ったケースが選択されたケースで赤色の×のケースは選択されていないケースです。フィルター自体も複数作成できます。「active」,「inactive」のチェックでフィルターを一時的に無効にすることもできます。jamovi ファイルとして保存すれば「Transform」や「Filters」で作成した規則もデータと一緒に保存されますので再利用できます。

図 1.6: Filter で発表年 2000 年以下のケースを選択した場合とデータ画面

## 1.7  FAQ

Q1: インストールできません。⟼ Windows の OS が 32 ビットではありませんか。jamovi は 64 ビットのみ対応です。

Q2:インストールで「can't open xxxx」のようなエラーが出たり，起動してもデータ画面が表示されません。⟼PC のアカウントに全角文字を使用していることが原因の可能性があります。ローカルアカウントとして半角英数字のアカウント名を作成するなどの対処をしてみましょう。

Q3: 出力で文字化けやエラーが出てしまいます。⟼ 変数名が日本語なら，半角英数字の変数名に変更してみましょう。

Q4: データ画面でセルに入力や変更しようとしてもできません。⟼ その変数が既存の変数から作成された合成変数ならば直接，変更することはできません。

Q5: 分析指定で変数を選択しようとしても，指定できません。⟼ 変数の水準が適切ではない可能性があります。連続量に名義水準の変数を当てはめたり，その逆をしていませんか。

Q6: エラーが出ますが，原因がわかりません。⟼Syntax mode にして R のコードを表示させ，原因を探りましょう。この場合は豊富にある R の文献資料が参考になります。

Q7: メタ分析の MAJOR でエラーメッセージ「NAs in study labels」が出るが，その変数に欠損値はないはず。⟼ 行や列の削除などで見えない空白セルができてしまっている可能性があります。Excel にエクスポートしてきれいなデータにして読み直します。

Q8: 1 つずつ変数の設定や選択をするのが面倒です。⟼ マウスで変数を範囲指定して一気に指定できます。

Q9: 多くの変数に同じ変数変換をしなくてはならないのが面倒です。⟼「Transform」で変換規則を作成すれば，それを繰り返し適用することができます。

Q10: jamovi の中から R を使いたいのですが。⟼ モジュールで「Rj Editor」をインストールすることで R 画面を表示して作業ができます。入力コマンドは緑の三角形のボタン (Run) を押すことで実行されます。

Q11: 分析の結果出力を消したり，コピーしたりしたいのですが。⟼ 分析出力の結果でマウスを右クリックすると全部，分析単位，表・図ごとに「Copy」(コピー)，「Export」(出力)，「Remove」(削除) が選択できます。

Q12: 分析出力画面の最後に自動的に表示される引用文献を消したいのですが。⟼ 出力部の「References」をマウスで右クリックして「clear selection」で消すか，常に表示させないなら図 1.2 の全体設定で「References」を「Visible」から「Hidden」に変えてください。

Q13: 分析結果を印刷したいのですが。⟼ 現在のところ jamovi 自体には直接の

印刷機能はないようです。PDF ファイルや HTML ファイルに出力して印刷するか，個々の結果をマウスの右ボタンクリックで出力，もしくは貼り付けして印刷します。

　Q14: 出力される数値の小数点以下桁数を変えたいのですが。⟼ 図 1.2 の全体設定で「Number format」や「p-value format」で変更できます。

# 参考文献

[1] The jamovi project (2020). jamovi (Version 1.2) [Computer Software]. Retrieved from https://www.jamovi.org

[2] Navarro, D. J., & Foxcroft, D. R. (2019). learning statistics with jamovi: a tutorial for psychology students and other beginners. DOI: 10.24384/hgc3-7p15

# 統計学史

## 2.1 統計

　本書ではまず統計学の流れを知るために統計学史を先に述べることにします。従来の統計テキストでは歴史的経緯などは扱わずに，最初から統計学について述べていくものがほとんどです。しかし，昨今の状況を見ると統計学には大きな変革が起きており，自分が学ぶ内容がどのような位置づけにあるのかを知っておく必要があります。

　ただ，どうしても見慣れぬ統計用語や人名が多く出てきてしまうかもしれません。その場合にはそこを読み飛ばしてもかまいません。あとの章で解析手法を学んだ後で，読み直すとその分析法の歴史的な位置づけがわかるはずです。

　統計学と聞くとどの分野にも適用できる汎用的な方法論を思い浮かべる人が多いかもしれません。実際，医学や薬学，生物学や心理学，経済学，物理学や工学他，様々な分野で統計学は利用されています。時には思いがけないところで統計学が利用されていることもあります。文書や書籍が誰によって書かれたのかを判定する筆跡鑑定などに統計学を応用した文献計量学という分野さえできています。仮に現在，統計学が利用されていない分野であっても，統計学を知ることで利用可能な分野は限りなく広がります。しかし，このような汎用的方法論としての統計学の考え方はむしろ最近のことで，歴史的に見れば統計学は特定の分野と結びついて発達してきました。

　その前に，まず統計と統計学の違いについて考えてみましょう。統計学の本を探して図書館などに行くとよくあることなのですが，統計の書架に行くと，なんとか白書のような政府刊行の本ばかりで，統計学の本が見つかりません。

　実際，国立国会図書館分類表という図書館の本の分類表では科学技術の分類の中に「心理学」「物理学」「生物学」「医学」「数学」などはありますが，「統計学」はありません。経済・産業という分類の中に「統計・統計資料」があるだけです。多くの場合，統計学の本が見つかるのは「数学」の棚と，それぞれの学問分野の棚に散らばって収められています。

　つまり，統計と統計学は同じではないのです。統計学が発生したのは歴史的に見るとずっと最近で，統計がとられるようになったのはずっと昔です。それがいつかは正確には不明ですが，小杉 (1984) によれば B.C.3600 年以上前のバビロニアで国

富算定のための人口調査が行われたとされています。また B.C.3050 年頃にエジプト
でピラミッド建設のための調査組織が作られたり，やはりエジプトで B.C.2200 年頃
に土地調査が行われていたと言われています。ここで得られた統計とは租税表や財
産簿，人口調査から労働力を算定するなどで，いわゆる国税調査のデータが主でし
た。日本においても最古の官庁統計は B.C.86 の崇神天皇の頃，性別を調査したもの
だと言われています。

## 2.2    確率

統計学というと数学や確率との結びつきが思い浮かびます。統計学はドイツとイ
ギリスで発展しましたが，確率が確率論として発展したのはフランスでした。それ
以前の萌芽として出てくるのはイタリアの Cardano(1501-1575) で，1564 年の著作[4]
とされます[5]。これが確率に関する最初の論文とされています。彼は医者でしたが，
同時に数学者，天文学者でもあり，かなりのギャンブル依存でもあったようです。そ
の詳細は安藤 (2017) にありますが，内容は論文と言うよりも賭博の心得や技術を含
めたもので本人も自分が確率を取り上げているという意識はなく，賭け事全般のノ
ウハウについて書いたように思えます。イタリアは地中海沿岸で商業や船乗りの賭
け事が盛んだったことが，確率についての知識を必要とさせたのでしょう。地動説
を唱えて危うく死刑になりかけたことで有名な Galileo(1564-1642) もイタリア人で，
賭博者の貴族から 3 つのサイコロの目の和の出方について質問され，解答したとい
う話があります (小杉, 1984)。

このように確率的な思考が生じるためにはサイコロと賭け事が必要だったようで
す。サイコロはなぜ重要なのでしょうか。現在でもコインを投げて裏表で何かを決
める場面はよくあります。しかし，コインでは二択しかありません。サイコロは通
常 6 面ありますので，結果の幅がぐんと広がります。サイコロのもともとは動物の
骨を転がして賭けに利用していたことから発生したとされます (ハッキング, 2018)。
骨を削って各面がランダムに出るように工夫されたサイコロの重要性は，それによ
り目が出る可能性が等しい，つまりランダムさを生み出す装置が発明されたという
ことです。

ここまでの確率が，確率論としてフランスで発展を遂げたことに寄与したのは
Pascal, B.(1623-1662)，Fermat, P. (1601-1665)，Laplace, P. S. (1749-1827) という
そうそうたる面々でした。Pascal で有名なのは「人間は考える葦である」という言葉
や神が存在するかどうかについて判断を示した「パスカルの賭け」でしょう。また，
最初に計算機を作成した人物として，プログラミング言語 Pascal にも名前が残って

---

[4]翻訳書によってタイトルは「偶然のゲームについての書」「サイコロ賭博について」「さいころ遊び
について」といくぶん異なる。
[5]実際に出版されたのは死後の 1663 年の自伝の中とされる。

います。Fermat は「フェルマーの最終定理」が有名です。本の欄外に彼が書き留めた数学上の問題は 350 年以上経って，ようやく 1995 年に解明されました。Laplace は「ラプラスの悪魔」で有名ですが，統計学的には Bayes, T. (1702-1761) の死後，彼の業績を評価し，ベイズ統計の基礎を作った人物として重要です。それ以外にも期待値，大数の法則，中心極限定理，最小 2 乗法の確立など現代の統計学に不可欠なものを含む，広い対象を研究し，まとめて，古典的確率論を完成させたとされます (竹内, 2018)。

　統計学では $p$ 値という用語が使われます。この $p$ とは probability のことなので，文字どおり確率です。確率的に判断をすることが推測統計の基本なので統計学と確率が密接に関連するのです。

## 2.3　統計学の誕生

　統計と確率の歴史を見てきましたが，統計学はいつ，どのようにして誕生したのでしょうか。統計学の「Statistics」の言葉はラテン語で状態を意味する「statisticum」から発し，イタリアでそれが国家を意味するようになったとされます。竹内 (2018) は Statistics には「state」が含まれており，状態の意味と国家の意味が混在していること，またドイツではより直接的に「国情論 (Staatenkunde)」というものがあり，それがドイツ語の Statistik となり，当初は国家の状態に関する知識を意味していたとしています。state の意味を引くと国家，状態，州，形勢，情勢，状況という意味が出てきますので，もともと統計学は国家の情勢を示すものだったことが納得できます。ちなみに Statistics に「統計」という訳語を与えたのは明治初年の洋学者である神田孝平 (1830-1898)，もしくは西周 (1829-1897) とされています (小杉, 1984, p.247)。また，書物のタイトルとして「統計学」という言葉が現れたのは箕作麟祥(1846-1897) が 1874 年フランス語の Éléments de Statistique(1847) を翻訳して『統計学－各国勢略論－』として出したのが最初とされます (小杉, 1984)。

### 2.3.1　ドイツの統計学 (国情論)

　このように統計学という言葉はドイツで生まれたものですが，その内容は現在の統計学とはかけ離れたものでした。そこでは数字は扱われず，文章で各国の情勢が描かれていました。現在，一番，思い浮かべやすく，似ているものは県民性を扱った一般向けの本かもしれません。そこには各県の地理や特産，人口や県民の性格特性などが描かれているかもしれません。もし，戦国時代のように地域の国ごとが争っている時代なら，そのような本は有用かもしれません。どこの国が軍事力や経済力が強いのか，同盟を結ぶにしても敵対して攻め込むにしても相手のことを知る必要

があります。現在，統計学というと数字と切り離せないイメージがありますが，生まれた当時の統計学は文章で書かれた各国要覧のようなもので，しかも国家のための学問だったのです。つまり，当時の統計学とは国家の状態を知るための国情論そのものだったのです。このことは先に挙げた箕作の翻訳書の副題からもうかがえます。

### 2.3.2　イギリスの統計学 (政治算術)

　ドイツの統計学に対して，イギリスでは表を作成したり，数字で示す統計学が生まれました。当初，それは政治算術と呼ばれ，Petty, W. (1623-1687) により広められましたが，その語が示すようにやはり国家のために国際情勢を知るためのものでした。ドイツの統計学は個別の記述文章であり，イギリスの統計学を数字屋と呼んで軽蔑していました。数字や表の奴隷になった卑しい統計学と批判したのです[6]。その背景には数字は比較が簡単で，客観的だったということもあります。統計学が扱う内容が国家機密なので，誰にでもわかることはむしろ問題とされたこともあるようです。

　現在の統計学は扱うデータとして大きく分けると量的データと質的データがあります。質的データの中には文章の解析や数量化が難しいデータも含まれます。といっても，文章記述だけでよいというわけではなく，単語の出現頻度を分析したり，様々な数量化が行われます。とはいえ，統計学が登場したとき，それが文章記述だったというのは面白いことかもしれません。ともあれ，数や図表で表現するという手法は，誰にでも理解しやすく，客観的で比較も簡単なため広く受け入れられました。特に商人などが社会や経済を知り，実利を得るためには数量的な把握は不可欠でした。また，資本主義や貨幣経済の発展は数量的理解が可能な人たちを生み出していました。Graunt, J. (1620-1674) はロンドンでの死亡表を作成しています。そこでの年ごとの死者数，生存率，死因別などの表は現在の統計学での記述統計のそれと何ら違いません。

　このように萌芽は見られるものの，統計学が発生したと言っても，それは現在の統計学とはまだかけ離れたものでした。竹内 (2018) は，それを「統計学以前の統計学」と表現しています。

### 2.3.3　ケトレー統計学

　では，現在の統計学につながる統計学はと言えば，それはベルギー人 Quételet, L.A.J.(1796-1874) のケトレー統計学（ケトレ統計学）と呼ばれるものになります。

---

[6]心理学においても過去には臨床派と統計派の対立があり，臨床派の中に数字で心はわかるはずがないと主張した人たちもいたことを思うと，歴史は繰り返すという言葉が思い浮かびます。現在は臨床だから統計を知らなくてよいなどという教員はもういないと思います。Evidence-based Medicine (EBM：根拠に基づいた治療) が当たり前になり，そこで統計学は重要な役割を果たすからです。

Quételet も当初は統計学を国情論のように国家のための学問と捉えていましたが，やがて社会や生物全般に統計を適用していく立場に変わっていきました。ドイツの Knies, K. G. A.(1821-1898) が 1850 年に『独立の学問としての統計学』を出版して，言葉で諸国家を記述する国情論は過去のもので精密な数字表示，経験的に確認された観察，数学的結論を支持して，両者の決着をつけたことも (竹内, 2018)，影響していたのかもしれません。Quételet は 1869 年に『社会物理学』という本を出しています。それ以前にも書籍や多数の論文を出していますが，竹内 (2018) はそのうちの 1 つ『人間に就いて』の目次を紹介しています (pp.186-184)。そこで扱われているものの中には知的諸性質の発達，道徳的諸性質の発達，犯罪傾向の発達，平均人の諸性質などが含まれており，これらは現在の心理学のテーマだと言っても違和感がないものです。『社会物理学』という本のタイトルに物理学が含まれているのは，Newton, I.(1642-1727) のニュートン物理学が大成功を収めたことが影響していると思われます。実際，心理の分野でもウェーバー・フェヒナーの法則で有名な Weber, E. H.(1795-1878) や Fechner, G. T. (1801-1887) が物理量と感覚量を扱った「精神物理学」という言葉を残しています。Quételet は平均人という言葉に示されるように大量観察で正規分布が様々な人間の性質に当てはまり，それは現在の統計学でも最も重要な分布である正規分布に従うと考えました。小杉 (1984) は唯物論的研究の土台の上で恒常的原因と可変的原因，偶然的原因を区別して因果研究を行ったことをもって「全く Quételet を以て今日 "統計学の完成者" と見做し得る所以であり…」(p.192) と書いています。

## 2.4　近代統計学の誕生

近代統計学は多くの巨人により成立しました。まず，Galton, F.(1822-1911) は進化論で有名な Darwin, C. R. の従兄弟で，生物測定研究所を設立して人間の身体測定や精神測定で大量データを収集したり，知能の研究から優生学という言葉を生み出しました。気象図の開発や指紋の発見，平均に対する回帰現象を見いだしたのも Galton です。彼は生物学の観点から進化論を確かめるために統計学を利用しました。Pearson, K.(1857-1936) も同様で，Galton とともに Biometrika という現在も続く最も権威ある科学論文雑誌の 1 つを発行し (1901)，生物学に統計学を応用しました[7]。当時，生物学に統計のような数学的理論を受け入れる素地はなく，新しい情報発信の場が必要だったのです。

Galton の後を引き継いだのが，Pearson, K. でした。実際，Pearson, K. は Galton の教え子でもあり，Galton が遺言でロンドン大学に残した教授職にも就いています。Pearson, K. は Galton が考えた相関係数を完成させ，今でもピアソンの (積率) 相関

---

[7]実際にはもう 1 人 Weldon, W. F. R. も加わっていました。

係数としてその名が残っています。ここで統計学は国家を知るための学問から，人間を含む生物を対象とした学問へ変換していったのです。その背景には進化論や遺伝論がありました。

### 2.4.1  記述統計学

Pearson, K. は記述統計学を確立したとも言われます。Pearson, K. については安藤 (1989) に詳しくその生い立ちから，他の人との関わり，多くの論争までが描かれています。大量のデータを得て，代表値を求めたり，相関係数を求めることでデータを記述するのが Pearson, K. の統計学でした。平均値や標準偏差，最頻値，中位点，四分位数，尖度などの今日でも重要な統計量が使われました。また，$\chi^2$ 検定も利用されていました。得られたデータは，現在なら標本と呼ばれるかもしれません。しかし当時は，標本の背後に本当に知りたい対象である母集団があり，それを推定するという意識は希薄だったと言えるかもしれません。それを意識して，数学的に精緻化していくと推測統計学に行き着きます。ただし，記述統計が推測統計より原始的なものであるという意味ではありません。記述統計も推測統計も現在の統計学では欠かせない，車の両輪のようなものです。

### 2.4.2  推測統計学

推測統計学で欠かせない人物は Fisher, R. A.(1890-1962) です。Fisher もやはり最初は遺伝学の研究をテーマにしていました。やがて，ロンドンのロザムステッド農事試験場に就職することになります。このあたりの状況はサルツブルグ (2006) に読みやすく描かれています。農事試験場では肥料や穀物の収穫量が重要な関心事になります。肥料の種類や量，日照時間，降雨量，土地の肥え方などなど収穫量に影響する要因はたくさんあります。Fisher は無作為化により誤差を統制する実験計画法を開発しました。心理学で最も利用されてきた統計手法である分散分析の誕生です。他にも自由度という概念や最尤法と呼ばれる手法を生み出したのも Fisher です。また，$t$ 検定で知られる $t$ 分布を見いだした Gosset, W. S.(1876-1937) の業績を評価し，それを洗練させました。有意性で使われる $p$ 値を生み出したのも Fisher と言われています。

Fisher 以外で挙げておかなくてはならないのは Neyman, J.(1894-1981) と Pearson, E. S.(1895-1980) でしょう。なぜなら，2 人が現在の統計的仮説検定の基礎を作ったと考えられているからです。ちなみに Pearson, E. S. は Pearson, K. の息子です。統計的仮説検定が Fisher, Neyman, Pearson, E. S. の 3 人によって作られたと単純に言えない理由は Fisher と Neyman, Pearson, E. S. の間には信頼区間や $p$ 値の解釈

をめぐって意見の対立があり，それは現在でも解消されたとは言えないことです。jamovi マニュアル (Navarro, D. & Foxcroft, D., 2019) にも，現在の統計学で教えられている仮説検定が Fisher と Neyman, Pearson, E. S. の奇妙な混合であることが書かれています。

## 2.5　統計学の発展

　統計学は国家の学問から生物学や心理学へと応用範囲を広げました。もちろん，個々の例としては天文学で惑星の運動を説明するために Laplace や Gauss, C. F.(1777-1855) らによって最小 2 乗法が利用される場面はありましたが，実際に統計学が大きく利用されるようになったのは工学で，その契機は戦争でした。戦争では最適な物資の運搬や攻撃，防御が戦局を左右します。そこでは統計学や数学が活躍することになります。こうして，最適な意思決定を行うための OR(operations research, operational research) が発達しました。また，第二次大戦では大量生産で兵器が作られました。製造された兵器の不良率は大問題になります。不良品を生み出す要因は何かを特定したり，どこまで不良率が上昇したら，偶然誤差ではなく機械の故障と判断するかなどは現在の製造工場でも大問題です。

　戦後は，このような統計的手法は統計的品質管理として QC(Quality Control) と呼ばれるようになりました。有名なのは Deming, W. E.(1900-1993) で 1950 年に来日して技術者，経営者，科学者向けに講演しました。今も日本科学技術連盟を中心に多くの企業は生産の品質管理に取り組んでいます。その後，統計学はあらゆる分野に進出するようになり，現在に至っています。

## 2.6　心理学と統計学

　心理学が誕生したのは Wundt,W.M.(1832-1920) によりライプツィヒ大学に心理学実験室が創設された 1879 年とされます。Wundt は哲学教授でしたので，誕生した心理学は文学部におかれました。そこで心理学は文系の学問とされるのですが，実際は理系の学問といった方が適切かもしれません。しかし，文学部にあるのだから苦手な数学とは無縁と思って入学して，統計学や実験，コンピュータ・シミュレーションや数理モデルなどなど思いもかけない数字や数式に四苦八苦する学生が後を絶ちません。しかし，もともと心理学は数学や統計学と密接に関連していました。先に挙げたウェーバー・フェヒナーの法則では感覚と刺激量の間に数式で表せるような関係を考えました。また，成功はしませんでしたが，Hull, C. L.(1884-1952) は人間行動全般を数式で表現することを試みました。心理学では様々な尺度を利用しますが，Thurstone, L. L.(1887-1995) のように確率分布を尺度構成に利用すること

もあります。心理学は他の学問に比べて誕生からまもなく，扱う対象も個人差という誤差が大きな人間だったり，知能や性格といった直接観察できない構成概念が多いこと，また一般には心を扱う学問と見なされがちなので，より厳密で精密な科学であることを志向するなかで数量化が発達したとも考えられるかもしれません。

### 2.6.1　多変量解析の発達

　心理学の分野から考え出された統計手法として最も有名で利用されているのは因子分析でしょう。因子分析はもともと知能研究から発したもので，多変量解析と呼ばれる手法の1つです。数多くの変数を一度に扱うことができます。詳細は後の章に譲りますが，Spearman, C. E.(1863-1945) が知能は2つの因子からなるとする2因子モデルを1904年に発表したとされます。因子分析のテキストとして有名な Harman, H. H. の Modern factor analysis は1967年に出版されています。日本でも因子分析に関する論文や著書が出始めますが，当時，因子分析を気軽に利用することはできませんでした。1960年代半ばに全国の主に旧帝国大学と呼ばれる大学に大型計算機センターが作られ，やっと一部の人たちが因子分析を利用できるようになります。とはいえ，当初はプログラミング言語 FORTRAN で因子分析プログラムをテープやカードに打ち込み，読み込ませていたので1つの因子分析結果を得るために数ヶ月かかるような状態でした。現在なら，個人の PC で数秒で因子分析の結果が得られることを考えると信じられないかもしれません。ここで1つのブレイクスルーがありました。それは統計パッケージの誕生です。SPSS や SAS といった統計パッケージが大型計算機センターに導入され，1から統計プログラムをプログラミングする必要はなくなったのです。心理学の分野で最も利用されたきた統計パッケージは SPSS でしょう。1968年に設立された SPSS は大型計算機で利用できるようになり，三宅一郎 (編) 著の『社会科学のための統計パッケージ』は1973年に，その後，三宅一郎・山本嘉一郎著の『SPSS 統計パッケージ I 基礎編』として1976年に東洋経済新報社から出版されました。こうして多変量解析がより身近になったのです。ただ，身近になったと言っても誰もが大型計算機センターを利用できたわけではありません。個人が多変量解析を利用できるようになるにはもう少し時間がかかりました。NEC が開発した PC-8001 は1979年に発売されましたが，8ビットの PC でメモリはデフォルトで16K，記憶装置もカセットテープで多変量解析ができるようなものではありませんでした。1982年に NEC から発売された PC-9801 は16ビット PC でしたが，まだまだ高価でした。1985年に PC-9801VM が発売されると一気に PC は個人に広まり，SPSS も PC 版が開発され，複雑な統計分析も身近なものとなります。重回帰分析や判別分析，主成分分析，正準相関分析，クラスター分析，多変量分散分析など多くの多変量解析と呼ばれるものが利用できるようになりました。

### 2.6.2　探索的データ解析

多変量解析の広まりは同時に批判を招くことにもなりました。統計の理論を知らなくてもソフトにデータを入力してボタンを押せば，結果が出てしまうため，中でどんな計算が行われているか知らずに誤用する人が増えたのです。実際には，利用できるデータの水準や数，背後に仮定される分布など多変量解析を行うにも前提があります。個々の変数について何の吟味もないまま，多変量解析を行う風潮がでてきてしまったのです。それに対して Tukey, J. W.(1915-2000) は探索的データ解析 (Exploratory data analysis: EDA) を提唱しました。箱ひげ図や幹葉図などデータの可視化の重要性を強調しました。jamovi でも Box plot などで箱ひげ図が出力できます。

### 2.6.3　構造方程式モデリングの登場

構造方程式モデリングは Structural Equation Modeling から SEM とも呼ばれます。重回帰分析と因子分析を組み合わせたような手法で，分析者がモデルを仮定し，データとの適合性を検討する手法です。日本では 1990-2000 年代に爆発的に利用されるようになりました。しかし，元は Jöreskog, K. らによって 1970 年代に LISREL(linear structural relations) として生まれたものでした。LISREL が生まれた当初は大型計算機でコマンドをカードで打ち込むような世界でしたので，ほとんどの人には LISREL は無縁のものでした。状況が一変したのは EQS や AMOS といったグラフィカル・インターフェイスの統計ソフトの誕生でした。特に AMOS は SPSS から利用でき，お絵かきソフトのように変数を配置して，モデルを図示し，分析することができました。因子分析が広く利用されるようになるまでには 60 年以上が必要でした。SEM が広く利用されるまでには 20 年近くがかかっています。ここでわかることは統計手法が広く使われるためにはコンピュータの性能，そして使いやすいプログラムが不可欠だと言うことです。現在，コンピュータの性能はほぼ問題がない状況でしょう。使い勝手の良いプログラムが提供されるかどうかが，統計手法や統計理論が利用されるかどうかの鍵と言うことです。

### 2.6.4　仮説検定への批判

長いこと，統計学では仮説検定が主役でした。$p$ 値が.05 未満か以上かによって有意差があり，なしの判定が行われてきました。しかし，問題は $p = .049$ と $p = .050$ の違いです。前者は有意差があり，後者は有意差なしとされます。基準は.05 という値です。この値はいつのまにか一人歩きして，まるで神の判定のように扱われるようになりました。その結果，$p$ 値だけを報告した論文や報告がでるようになったの

です。$p$ の値はもともと Fisher が提唱した基準と言われますが，Fisher 自身はそんな硬直したものとは捉えていなかったようです。また，Navarro and Foxcroft(2019) は有意 (significance) という言葉が，当時は現在のように important(重要) という意味よりも indicated(何かを示す) 程度の意味だったことを指摘しています。そうであれば，いつの間にか $p = 0.49$ はとても重要で意味のある差が検出された証拠だと解釈されるようになったものの，Fisher にそんなつもりがなかったであろうことがうなずけます。しかしながら，当然，反対の $p = .05$ は意味がない・重要ではないと見なされるようになってしまったというわけです。現実には自然が，ある境界を境に白黒と分かれることは滅多にないので，連続的な $p$ 値の解釈も白黒になるのはおかしいことに気がつくでしょう。$p$ 値はデータの数にも影響されます。データが多いと $p$ 値は小さくなり，有意差が出やすくなります。有意差があるが，差に意味がないというケースもあり得るのです。逆に有意差がないが，それは多くのデータをとれない制約のせいで実際に意味があることもあるのです。では実際に意味があるとかないとかをどう判断すればよいかという問題が出てきます。1 つの解決策となる統計量は効果量 (effect size) と呼ばれるものです。こうして，分析結果には $p$ 値だけではなく，効果量を報告するのが今では常識になっているのです。ジャーナルによっては $p$ 値を禁止するものもあり，$p$ 値の論争は次のベイズ統計とも関わり，まだまだ継続中なのです (折笠, 2018)。

### 2.6.5　ベイズ統計学の登場

　Bayes, T.(1702-1761) はベイズの定理を考え出しましたが，生前はそれを発表しませんでした。死後，当時の大数学者 Laplace, P. S. (1749-1827) はそれを評価して発表しました。しかし，その考え方は Fisher にも，Neyman と Pearson, E. S. にも受け入れられませんでした。近代統計学を確立した巨人たちに批判されていたわけですから，ベイズの考え方は統計テキストにはほとんど出てきませんでした。問題になったのは確率の概念です。確率を頻度からなる厳密な数学的なものと見なすのか，もっともらしさという主観的ものも含めるのかという問題がありました。主観的なものを統計学に持ち込むことを Fisher らは嫌ったのです。実際，Fisher(1969) は「逆確率の理論[8]はある誤謬の上に立脚するものであって，完全に拒否されるべきものである」(p.7) とまで書いています。また，Bayes の偉大さを褒め称えると同時に，ベイズの定理の問題点に気が付いていたからこそ，生前 Bayes は公表しなかったのではないかともほのめかしています。そして，推論を行う際の心理的な信頼または疑惑の度合を表現するためには，確率という数学的概念は不適当で，確率と区別するために尤度という言葉を自分は使ってきたとも書いています (pp.7-8)。従来の

---

[8]逆確率の理論とはベイズの定理のことです。

統計学の考え方をする人たちを頻度論者と呼び，ベイズの考え方をする人たちをベイジアンを呼ぶこともあります。実際にはどちらかの立場を選ばなくてはいけないわけではなく，多くの研究者は頻度論の立場に立ちながらベイズを受け入れる，もしくは自分の研究次第で使い分けるという状況でしょう。いずれにせよベイズ統計学は無視していてよいものではなくなりつつあります。

　PsycINFO で学術雑誌にキーワードが登場した頻度を調べ，5 年ごとの区切りで論文数が 2 倍かつ 50 本以上になる時期を調べると「Factor Analysis」(因子分析) は1930-1940 と 1960-1970 に倍増しています。前者は理論的な研究の興隆が，後者は因子分析を応用した研究が広まったことを示していることがわかります。これらは主に英語論文なので日本で広まったのは，それよりも 5〜10 年後になるかもしれません。「Structural Equation Modeling」(構造方程式モデリング) をキーワードとすると 1985 から 2000 までの間に倍々で 4 倍に論文数が増加しています。その数年後に日本でも共分散構造分析が爆発的に広まったことと対応します。このキーワード検索は厳密なものではありません。キーワードがマッチするが論文内容は異なるケースもありますし，「Structural Equation Modeling」が「SEM」や「LISREL」として登録されていることもあるかもしれません。しかし，大雑把な統計学の流行を捉えているというのが実感です。

　では，ベイズ統計はどうでしょう。bayesian analysis(ベイズ分析) とすると 1990-1995 で倍増，さらに 2005 から 2020 までで倍々増で 4 倍に増加しています。ベイズ統計学が急速に広まり，それは現在も継続中であることがわかります。いわばベイズ革命が進行中なのです。

## 2.7　これからの統計学

　統計学の流れを見てきました。1960 年代にほぼ完成された近代統計学は半世紀以上確固とした地位を築いてきたように思えました。しかし，今，$p$ 値は多くの批判にさらされています。また，ベイズ革命は大きな潮流となっています。

　統計学は従来型の仮説検定から，モデル指向の統計学に移りつつあるように思えます。実際，構造方程式モデリングでは $\chi^2$ 検定は参考程度で，適合度という新たな指標を用いてモデルを評価します。一般化線形モデルのように統一的に回帰分析や分散分析を表現する考えも主流になりつつあります。

　このように現在は刻々と統計学が変化しつつある激動の時代と言えるでしょう。歴史的な流れを踏まえて，何を学んでいるのか，あるいは何を学ぶべきかを自ら決めていくことが重要です。

　では，現在から今後は統計学はどうなるのでしょうか。

**PC パワーの増大** ：統計学とコンピュータは切り離せません。多変量解析もベイズ

統計学も PC がなければ成立しなかったでしょう。量子コンピュータが広く利用されるようになったときには単に理論に過ぎなかったことがますます実用化されることでしょう。

**ビッグデータ**：大量データがインターネットや POS システム (point of sale system) を通して利用可能になりました。望む属性の調査者のデータを必要なケース数だけ調達し，提供する会社も出てきました。インターネットを利用したデータ収集やデータの購入はますます盛んになるでしょう。

**AI**：AI は人間が行う多くの仕事を肩代わりすると言われていますが，統計学でも同様です。分析の自動化が進むことでしょう。データを入力すれば AI が適切な分析法やモデルを自動的に選択して出力し，さらには解釈までしてくれる時代がくるかもしれません。

2019 年 4 月 13 日 NHK スペシャルとして「AI に聞いてみた どうすんのよ !? ニッポン」という番組で超未婚社会が取り上げられました。NHK が開発している「社会問題解決型 AI」に「三菱総合研究所 生活者市場予測システム」と「愛媛県 婚活支援に係るビッグデータ」を入力して分析するというものです。AI の中身は NHK が独自開発しているものなので，詳細は不明です。結婚するかどうかを決める要因として「家電量販店によく行く人は結婚しやすい」ということが挙がっていました。適切なデータがあれば AI でなくても，結婚するかどうかを判別する統計手法はいくつもあります。しかし，「家電量販店によく行く」を要因に取り上げる研究者はいるでしょうか。これは膨大な変数に対して分析の自動化が行われて初めて得られた結果でしょう。従来のように研究者が理論や常識で重要そうな要因を選んで分析するだけでは得られなかった思いがけない変数が分析の自動化によって見いだされる可能性が出てきたということです。

そのような統計プログラムとして実際に統計数理研究所の坂元 (1985) が開発した CATDAP がすでに存在しています。ある変数を説明，予測するために最適な変数の組み合わせを AIC という基準をもとに求めてくれます。どの変数とどの変数を組み合わせてと指示する必要はありません。時間と PC メモリが許すならすべての組み合わせについて探索してくれるからです。他に決定木探索のようなプログラムもあります。とはいえ，AI がすべてに替わってくれるわけではありません。AI が「結婚するかどうか」と「家電量販店によく行く」が関連していることを示したとしても，それをどう解釈するかは，少なくとも今のところはまだ人間の役割だからです。また，どんなに優れた分析手法が開発されたとしても，分析対象はデータですから，データの質自体が不正確なら正確な結果は得られません。どうデータをとるのかという人間の側の問題はますます重要になってくるでしょう。

表 2.1: 人名と統計学年表

| 生涯 | 人名 | 事柄 | 補足 |
|---|---|---|---|
| 1654-1705 | Bernoulli, J. | 大数の法則 | ベルヌーイ分布 |
| 1667-1754 | de Moivre, A. | 正規分布 | ガウス分布と呼ばれるが Gauss の発見ではない |
| 1702-1761 | Bayes, T. | ベイズの定理 | 発表は死後，Laplace による |
| 1749-1827 | Laplace, P. S. | 中心極限定理，多変量正規分布 | ベイズ定理の発掘 |
| 1777-1855 | Gauss, J. C. F. | 最小 2 乗法を定式化 | 最小 2 乗法の発想自体は Legendre の 1805 年。天文学で惑星軌道に適用 |
| 1822-1911 | Galton, F. | 回帰現象，相関 | 相関という用語を 1888 年はじめて使用。定式化は Pearson, K. |
| 1857-1936 | Pearson, K. | $\chi^2$ 検定，相関係数 | 記述統計の確立 |
| 1863-1945 | Spearman, C. E. | 因子分析 | 知能モデルから |
| 1876-1937 | Gosset, W. S. | $t$ 分布 | $t$ 検定に利用 |
| 1890-1962 | Fisher, R. A. | $F$ 分布，分散分析，実験計画法，自由度，直接確率法，仮説検定 | 仮説検定の考え方は Neyman & Pearson とは異なる。推測統計の確立 |
| 1895-1973 | Hotelling, H. | 主成分分析 | 数理経済学から |
| 1894-1981 | Neyman, J. | 信頼区間，仮説検定 | Pearson, E. S. とともにネイマン・ピアソン統計学と呼ばれることもある |
| 1895-1980 | Pearson, E. S. | Neyman と現在の仮説検定の考え方を確立 | Pearson, K. の息子 |
| 1891-1967 | Shewhart, W. A. | 品質管理 | |
| 1900-1993 | Deming, W. E. | 日本に統計的品質管理 | コスト削減，品質向上で日本企業の発展に寄与 |
| 1889-1988 | Wright, S. G. | パス解析 | 生物学の分野から，後の SEM につながる |
| 1915-2000 | Tukey, J. W. | 探索的データ解析 | 多重比較の Tukey 検定も |
| 1916-2001 | Cronbach, L. J. | $\alpha$ 信頼性係数 | 後に信頼性の G 理論も提唱 |
| 1923-1998 | Cohen, J. | 効果サイズ | 効果サイズはメタ分析で利用される |
| 1924-2010 | Nelder, J. A. | 一般化線形モデル GLIM | GLIM の論文は Wedderburn と共著で 1974 年発表 GZLM へ |
| 1936-(期間) | Hotelling, Friedman, Kendall, Smirnov, Wilcoxon, Wald 他 | ノンパラメトリック検定の発展 | 最初は 1710 年の Arbuthnot, J. による符号検定まで遡る |
| 1927-2009 | 赤池 弘次 | AIC | モデル比較基準として広く利用・応用 |
| 1935- | Jöreskog, K. G. | LISREL | SEM のプログラム |
| 1940- | Glass, G. V. | メタ分析 | 用語は Glass が導入，相当する分析は過去に遡る |

# 参考文献

[1] 安藤 洋美 (1989). 統計学けんか物語 ―カール・ピアソン一代記― 海鳴社

[2] 安藤 洋美 (2017). 新装版 確率論の黎明 現代数学社

[3] Salsburg, D. (2002). *The Lady Tasting Tea: How Statistics Revolutionized Science in the Twentieth Century.* (サルツブルグ, D. 竹内 惠行・熊谷 悦生 (訳) (2006). 統計学を拓いた異才達 日本経済新聞社)

[4] Fisher, R. A.(1958, 1963). *Statistical Methods for Research Workers.* Oliver & Boyd. (フィッシャー, R. A. 遠藤 健児・鍋谷 清治 (共訳)(1969). 研究者のための統計的方法 森北出版)

[5] Gorroochurn, P. (2012). *Classic Problems of Probability.* John Wiley & Sons. (ゴルッカーン, P. 野間口 謙太郎 (訳)(2018). 確率は迷う ―道標となった古典的な 33 の問題― 共立出版)

[6] Hacking, I. (2006). *The Emergence of Probability: A Philosophical Study of Early Ideas about Probability, Induction and Statistical Inference* (2nd ed.). Cambridge University Press. (ハッキング, I. 広田 すみれ・森元 良太 (訳) (2018). 確率の出現 慶應義塾大学出版会)

[7] 岩沢 宏和 (2014). 世界を変えた確率と統計のからくり 134 話 SB クリエイティブ

[8] 小杉 肇 (1984). 統計学史 恒星社厚生閣

[9] McGrayne, S. B. (2011). *The Theory That Would Not Die: How Bayes' Rule Cracked the Enigma Code, Hunted Down Russian Submarines, and Emerged Triumphant from Two Centuries of Controversy. Yale University Press.* (マグレイン, S. B. 冨永 星 (訳)(2013). 異端の統計学ベイズ 草思社)

[10] Navarro, D., & Foxcroft, D. (2019). *Learning statistics with jamovi: a tutorial for psychology students and other beginners* (Ver. 0.70). DOI: 10.24384/hgc3-7p15 [Available from url: http://learnstatswithjamovi.com]

[11] 折笠 秀樹 (2018). *P* 値論争の歴史 薬理と治療, *46*(8), 1273-1279.

[12] 坂元 慶行 (1985). カテゴリカルデータのモデル分析 共立出版

[13] シャロン・バーチュ・マグレイン (2013). 冨永 星 (訳) 異端の統計学ベイズ 草思社

[14] 竹内 啓 (2018). 歴史と統計学―人・時代・思想― 日本経済新聞出版

# 記述統計

　私たちが最初に手にする生のデータはただの数字の羅列です (表 3.1 上段)。この
ままではデータの特徴をつかむことが難しいため，データを集め終えたら，平均値な
どを求めたり (表 3.1 下段)，図表を描いたりして整理を行います。こうしたデータ
を整理，要約する技法のことを記述統計と呼びます。

表 3.1: 学生の試験成績 (20 人分)

| | | | | |
|---|---|---|---|---|
| 18 | 26 | 40 | 40 | 41 |
| 44 | 46 | 48 | 50 | 51 |
| 52 | 54 | 54 | 55 | 58 |
| 58 | 61 | 64 | 68 | 69 |

| | | |
|---|---|---|
| 平均：49.9 | 中央値：51.5 | 最頻値：40, 54 |
| 範囲：51 | 分散：156(165) | 標準偏差：12.5(12.8) |

注) 分散, 標準偏差の括弧内は, $s^2$ および $s$

　一方で，手元のデータをもとにその背後にいる人々の傾向について知りたい場合
も多いでしょうし，むしろそのような目的でデータを収集することの方が一般的と
も言えます。このとき，興味がある集団全体を母集団 (population)，そこから抜き
出した一部の集団を標本 (sample)，抜き出す作業を抽出 (sampling) と言います。ま
た，母集団の特徴を要約した値を母数 (parameter) と言い，標本の要約値である統
計量 (statistics) と区別します。

　統計学では，標本から母集団の特徴を推測する技法のことを推測統計と呼びます。
推測統計については 4 章以降で詳しく説明しますので，ここでは記述統計の技法に
ついてみていきましょう。

## 3.1　代表値

　代表値は，データの値の大きさを要約した指標で，データの中心に相当します。代
表値の種類には，平均値，中央値，最頻値があります。

### 3.1.1　平均値

平均値は，データの合計を観測値の個数であるサンプルサイズ $(n)$ で割った値のことです。

$$\bar{x} = \frac{x_1 + x_2 + \cdots + x_n}{n} = \frac{\displaystyle\sum_{i=1}^{n} x_i}{n} \tag{3.1}$$

厳密には，上の式で計算される平均値は算術平均 (相加平均) と呼びます。平均値には，他にも幾何平均や調和平均が知られており，変化率の平均を求める場合は幾何平均，速度の平均を求める場合は調和平均が適しています。平均値は，極端な値を指す外れ値の影響を受けやすい指標です。外れ値があると，平均値がデータを代表する値とは言えなくなる恐れがありますので注意が必要です。

### 3.1.2　中央値

中央値は，データを昇順に並べたときの真ん中の値を指します。例えば $\{1,\ 1,\ 5,\ 7,\ 8\}$ の奇数個のデータの場合，真ん中の 5 が中央値になります。一方，$\{1,\ 1,\ 5,\ 7,\ 8,\ 9\}$ のように偶数個のデータの場合は，データを 2 等分したときの両端の値を平均した 6 が中央値になります。中央値は，データ内の値の大きさは考慮しないため，平均値と比べて外れ値の影響を受けにくい指標です。

### 3.1.3　最頻値

最頻値は，データ内に最も多く出現する値を指します。先ほどの，$\{1,\ 1,\ 5,\ 7,\ 8\}$ のデータであれば，2 回出現している「1」が最頻値になります。最頻値は 1 つとは限りません。$\{1,\ 1,\ 5,\ 7,\ 7,\ 8\}$ のように，最頻値が「1」と「7」の複数になることもあります (表 3.1 のデータもそうです)。

## 3.2　散布度

データの特徴は，値の大きさだけではなく，その散らばりの大きさによっても異なります。$\{5,\ 5,\ 5,\ 5\}$ と $\{2,\ 4,\ 5,\ 9\}$ の 2 つのデータはどちらも平均は「5」ですが，値の散らばりの大きさはまったく異なることがわかります。このような散らばりの大きさを表す散布度の指標には，範囲や四分位偏差，分散，標準偏差があります。

### 3.2.1　範囲

　範囲は非常に単純な指標で，データの最大値から最小値を引くことで求まります。ただし，最大値や最小値に外れ値が含まれていると，データの特徴からかけ離れた値をとる危険もあります。

### 3.2.2　四分位偏差

　四分位偏差とは，四分位数を使う散布度の指標です。四分位数とはデータを四等分したときの 3 つの分割点にあたる値のことで，小さいものから順に第 1 四分位点 (25%点)，第 2 四分位点 (50%点)，第 3 四分位点 (75%点) と呼びます。「75%点 − 25%点」を計算すると四分位偏差が求まります。四分位点の考え方は中央値と同じであり，50%点は中央値そのものです。データ内の値の大きさは問題にしないため，範囲と比べて外れ値に対して頑健です。

### 3.2.3　分散

　分散は，データの各値が全体平均からどのくらい離れているかを表す指標で，次の式で表されます。

$$\sigma^2 = \frac{\displaystyle\sum_{i=1}^{n}(x_i - \bar{x})^2}{n} \tag{3.2}$$

　平均と各値間の差分を偏差と言い，値の散らばりが大きいほど偏差も全体的に大きくなります。式 (3.2) では，各値について偏差を 2 乗してから足し合わせ，その平均を求めています。足す前に 2 乗する理由は，偏差の符号を正に揃えるためです。

### 3.2.4　標準偏差

　分散の式では，偏差を 2 乗しましたが，それによって単位も 2 乗されてしまいます。例えば，メートルを単位として記録した身長のデータの分散を計算する場合，その単位は「m」ではなく「$m^2$」となり，元の単位と意味が違ってしまいます。そこで，分散の平方根をとることで単位を元に戻します。これが，標準偏差です。

$$\sigma = \sqrt{\frac{\displaystyle\sum_{i=1}^{n}(x_i - \bar{x})^2}{n}} \tag{3.3}$$

### 3.2.5 統計ソフトで出力される分散と標準偏差

一般の統計ソフトでは，先ほど説明した分子を「$n$」で割る式 (3.2) の代わりに「$n-1$」で割った値が出力されます。

$$s^2 = \frac{\sum_{i=1}^{n}(x_i - \bar{x})^2}{n-1} \tag{3.4}$$

式 (3.4) で算出される分散は，標本のデータを基に計算された，母集団の分散の推定値 (不偏推定量) を表しており，不偏分散と呼ばれることもあります。母集団の真の分散 ($\sigma^2$) は定数ですが，抽出された標本の分散が真の分散と一致するとは限りません。それは，標本では母集団に含まれる極端な値が抜け落ち，推定された分散に偏りが生じるためです。例えば，世の中 (母集団) には 2 メートル台を超す身長の人がいますが，皆さんの周り (標本) でそこまで背が高い人を見かけることは珍しいと思います。そのため，標本分散は，母分散よりも若干小さな値をとりやすくなるのです。不偏分散は，こうした推定値の偏りをなくした分散のことを意味します。標準偏差についても，母集団の推定値を表す場合は，不偏分散の平方根をとった値が出力されることが一般的です。

$$s = \sqrt{\frac{\sum_{i=1}^{n}(x_i - \bar{x})^2}{n-1}} \tag{3.5}$$

jamovi を使った記述統計の分析では，不偏分散および不偏分散を使った標準偏差が出力されます。

## 3.3 作図

データの特徴は，グラフを描いて視覚化することでより明確になります。jamovi を使って描くことができるグラフの種類を幾つか紹介します。

図 3.1(a) はヒストグラム (histogram) と呼ばれるもので，データの分布の形状を知るために役立ちます。ビン (棒) の長さは，各値の区間に入るデータの観測値の個数 (度数) を表します。図 3.1(b) のように，ヒストグラムの輪郭を滑らかに (カーネル平滑化) した密度曲線を描くこともできます。

図 3.1(c) は箱ひげ図 (box and whiskers) と呼ばれ，中央値，四分位範囲，およびデータの範囲を視覚的に表現したものです。箱の下限と上限は 25%点と 75%点を，間の太線は 50%点を表しています。また，箱から伸びるヒゲの下限は「25%点 $-1.5\times$ 四分位範囲」を，上限は「75%点$+1.5\times$ 四分位範囲」を表しており，ヒゲの外側にある観測値が点で示されます。これらの点は，外れ値の目安となります。

　箱ひげ図の両脇に 90 度傾けた密度曲線を描くと図 3.1(d) のバイオリン図を描けます。箱ひげ図やバイオリン図にデータのすべての観測値をデータ点として重ねて表示することも可能です。

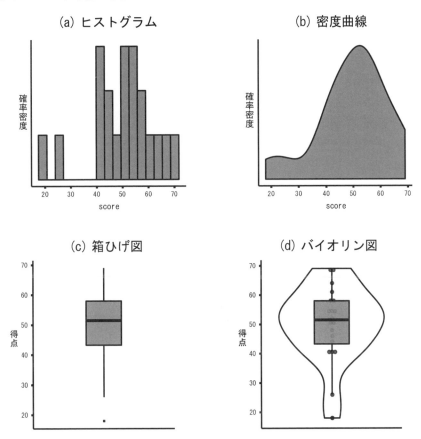

図 3.1: 記述統計のグラフ

## 3.4　正規分布と標準化

　統計学で最も頻繁にでてくる基本的な分布の 1 つに，正規分布があります。この分布は一般に，左右対称で釣り鐘型をした分布と説明されます。より厳密には，正規分布は以下の式で定義された確率分布と呼ばれる分布を指します。

$$f(x) = \frac{1}{\sigma\sqrt{2\pi}}\mathrm{e}^{-\frac{(x-\mu)^2}{2\sigma^2}} \tag{3.6}$$

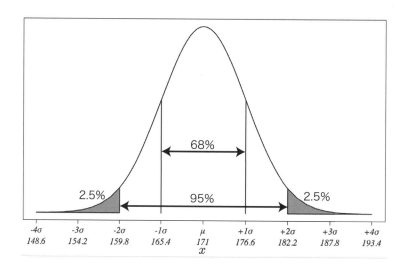

図 3.2: 正規分布

　式の $\mu$ と $\sigma$ は，それぞれ分布の平均と標準偏差，$\pi$ は円周率，e はネイピア数 (自然対数の底) で約 2.72 の値をとる定数を表しています。また分布の高さは度数ではなく確率密度であり，横軸上の任意の値の区間の確率密度を足し合わせた面積が，その区間内の値が生じる確率に等しくなります。正規分布の中でも，平均 0，標準偏差 1 のものは特別な分布であり，標準正規分布と言います。

　正規分布は仮想の分布ですが，世の中の現象や手元のデータを正規分布に従うと見なすことはよくあります。例えば，日本の成人男性を対象にして得られた身長の分布 (平均 171，標準偏差 5.6) を考えてみましょう。平均 $\pm 2\sigma$ の区間内の正規分布の面積は全体の約 95% です。したがって，身長の分布を正規分布と見なすと，日本の成人男性の 95% は 159.8cm から 182.2cm の間のいずれかの身長に収まると推測できます。また，182.2cm を越える男性は全体の上位 2.5% しかおらず，非常に珍しいことがわかります。

　このように，正規分布はデータ全体における観測値の相対位置を知るのに便利です。また，データのある値 $(x)$ から平均値 $(\mu)$ を引いた後に標準偏差 $(\sigma)$ で割ると，相対位置を 1 つの数値で示すことができます。

$$z = \frac{x - \mu}{\sigma} \tag{3.7}$$

　このような数学的な操作を標準化，また標準化された値のことを標準化得点もしくは $z$ 得点と呼びます。標準化を行うと，必ず分布の平均が 0，標準偏差が 1 になります。したがって，正規分布に含まれる値を標準化すると標準正規分布に変換されます。一般に知られている「偏差値」も標準化の一種であり，平均が 50，標準偏

差が 10 になるように $z$ 得点の式を変形したものになります。

$$\text{偏差値} = 10 \times z + 50 \tag{3.8}$$

### 3.4.1 歪度, 尖度

すべての分布が, 必ずしも正規分布のように左右対称であるわけではありません。分布の対称性が崩れる度合は歪度と呼ばれる指標 (skewness) で表わすことができます。分布の形状が左右対称の場合, 歪度は 0 になります。また, 分布の裾が正 (右)の方向に伸びている場合, その分布は正の歪みと言い, 歪度の符号が正になります。一方, 分布の裾が負 (左) の方向に伸びている場合, その分布は負の歪みを持つと言い, 歪度の符号が負になります。分布に歪みが大きいと, 最頻値, 中央値, 平均値の順に歪みの方向に値が引っ張られてしまい, 代表値として適切な値を示さなくなります。また, 分布の形状を示す別の指標として尖度 (kurtosis) があり, こちらは分布の尖り具合や裾の厚さを表す統計量になります。正規分布の形状を 0 とし, これと比較して裾が厚く尖っている場合は正の値を, 裾が軽く平らな場合は負の値をとります。

### 3.4.2 中心極限定理

ここまでデータの個々の値の分布について考えてきましたが, データの平均値の分布を想定することもできます。つまり, 母集団から繰り返し標本を抽出し, その平均値の分布を考えるのです。標本の平均値などの統計量の散らばりを描いた仮想的な分布を標本分布と言います。平均値の標本分布は先ほど説明した正規分布と深い関わりがあります。それは, 元の母集団の分布の形状に関係なく, サンプルサイズが大きくなるほどその平均値の標本分布が正規分布に近づくというもので, これを中心極限定理と呼びます。例えば, 単体のサイコロの目の分布は正規分布ではありませんが, 複数のサイコロの目の平均値の標本分布は, サイコロの数を増やすほど正規分布に近似します。ちなみに, 標本分布の標準偏差は標準誤差 (standard error: SE) と呼ばれます。標準誤差は, 母分散を標本のサンプルサイズ $(n)$ で割った値の平方根を取ることで求まります。jamovi では, 次式のように未知の母分散の代わりに不偏分散 $(s^2)$ を使って標準誤差を算出します。

$$
\begin{aligned}
SE &= \sqrt{\frac{s^2}{n}} \\
&= \frac{s}{\sqrt{n}}
\end{aligned}
\tag{3.9}
$$

なお，標準「誤差」と呼ぶ理由は，標本分布の平均が母平均と等しいため，標本分布の標準偏差は両者のズレの大きさ，つまり誤差を表していると見なせるためです。

## 3.5    jamovi を使った記述統計

表 3.1 のデータを使って，jamovi で記述統計の分析を行ってみましょう。メニュー「Data(データ)」の 1 列目に 20 名のデータを入力し，変数のラベル名を「score」，データ型を「Continuous(連続)」にしてください。続いて，メニュー「Analyses(分析)」「Exploration(探索)」「Descriptives(記述)」を選択します。分析指定画面の「Variables(変数)」に「score」を指定すると，データの統計量が記載された記述統計表が作成されます。

Descriptives

|  | score |
| --- | --- |
| N | 20 |
| Missing | 0 |
| Mean | 49.9 |
| Median | 51.5 |
| Mode | 40.0[a] ← 最頻値が複数ある場合は，最小の 1 つだけが表示される |
| Standard deviation | 12.8 |
| Variance | 165 |
| Range | 51 |

[a] More than one mode exists, only the first is reported

図 3.3: 記述統計表

グループを表す名義尺度の変数を別に作成して「Split by」に投入すると，グループごとに分けて統計量を算出することもできます。また，名義尺度か順序尺度のデータの場合，「Frequency table(度数分布表)」にチェックを入れることで度数分布表 (度数，相対度数，累積相対度数) が作成されます。

## Statistics(統計量)

チェックをいれた統計量を記述統計表に追加します。

| オプション | 意味 | 説明 |
|---|---|---|
| Sample Size (サンプルサイズ) | | |
| N | サンプルサイズ | 測定値の個数を算出する。 |
| Missing | 欠損値 | 欠損値の個数を算出する。 |
| Central Tendency (中心傾向) | | |
| Mean | 平均値 | 平均値を算出する。 |
| Median | 中央値 | 中央値を算出する。 |
| Mode | 最頻値 | 最頻値を算出する。 |
| Sum | 合計 | 合計を算出する。 |
| Percentile Values (パーセンタイル値) | | |
| Quartiles | 四分位数 | データの 25%点，50%点 (中央値)，75%点を算出する。 |
| Cut points for [ n ] equal groups | n 分位数 | データを n 等分する分位点を表示する。 |
| Dispersion(ばらつき) | | |
| Std.deviation | 標準偏差 | 不偏分散に基づく標準偏差を算出する。 |
| Variance | 分散 | 不偏分散を算出する。 |
| Range | 範囲 | 範囲を算出する。 |
| Minimum | 最小値 | 最小値を算出する。 |
| Maximum | 最大値 | 最大値を算出する。 |
| Distribution (分布) | | |
| Skewness | 歪度 | 歪度を算出する。左右対称の場合は 0。 |
| Kurtosis | 尖度 | 尖度を算出する。正規分布の場合は 0。 |
| S. E. Mean | 標準誤差 | 標準誤差を算出する。 |
| Normality (正規性) | | |
| Shapiro-Wilk | シャピロ・ウィルク検定 | 正規性の検定を行う。有意なら，正規分布とは言えない。 |

## Plots(作図)

チェックをいれたグラフを描画します。

| オプション | 意味 | 説明 |
|---|---|---|
| Histograms (ヒストグラム) | | |
| Histogram | ヒストグラム | ヒストグラムを作成する。<br>連続尺度のデータのみ。 |
| Density | 密度曲線 | 密度曲線を作成する。<br>連続尺度のデータのみ。 |
| Q-Q Plots (Q-Q プロット) | | |
| Q-Q | Q-Q プロット | 連続尺度のデータをもとに Q-Q プロットを作成する。 |
| Box Plots (箱ひげ図) | | |
| Box Plot | 箱ひげ図 | 箱ひげ図を作成する。 |
| Violin | バイオリン図 | バイオリン図を作成する。 |
| Data | データ | 観測値をデータ点としてグラフ上に表示する。<br>・jittered(散らばり)：<br>　データ点をランダムにばらつかせる。<br>・stacked(積み上げ)：<br>　データ点を横に並べる。 |
| Bar Plots (棒グラフ) | | |
| Bar plot | 棒グラフ | 棒グラフを作成する。<br>名義尺度か順序尺度のデータのみ。 |

# 参考文献

[1] 森 敏昭・吉田 寿夫 (2000). 心理学のためのデータ解析テクニカルブック 北大路書房

[2] Rowntree, D. (1981). *Statistics Without Tears: A Primer for Non-mathematicians.* Allyn & Bacon. (ロウントリー, D. 加納 悟 (訳) (2001). 新・涙なしの統計学　新世社)

[3] Stevens, S. S. (1946). On the theory of scales of measurement. *Science, 103,* 677-680.

[4] 山内 光哉 (2009). 心理・教育のための統計法 (第 3 版)　サイエンス社

# $t$ 検定

本章では，2 つの平均値の差の検定法である $t$ 検定について説明します。例えば，2 つのクラスの学生に同じテストを実施したところ，A クラスでは平均 60.5 点，B クラスでは平均 61 点という結果が得られたとしましょう。標本間の差は 0.5 点です。この差は A クラスと B クラスに関する何かしらの意味のある差 (例えば学力の違い) を表しているのでしょうか。もちろん，その可能性はあります。しかし，両クラスの平均値の差は単なる偶然である可能性も残されています。試験を行うたびに，A クラスと B クラスの平均点の優劣は簡単に入れ替わってしまうかもしれません。私たちが「意味のある差」と述べる場合，比較する 2 つの標本は，平均値が異なる母集団 ($\mu_1 \neq \mu_2$) から抽出されたと考えます。学力が高い母集団と，相対的に低い母集団から各標本が抜き出されたと想像すればよいでしょう。それに対し，「偶然である」と述べる場合は，両者は平均値が同じ母集団 ($\mu_1 = \mu_2$) から抽出されたと見なします。母平均は未知ですから，母集団が異なるかどうかは，手元の標本から推測する他ありません。$t$ 検定はそのための技法です。このように異なる標本間の母集団の違いについて仮説を立てて検証するやり方は，推測統計の中でも特に仮説検定と呼ばれます。

## 4.1　仮説検定の流れ

仮説検定の基本的な流れは，次のとおりです。

1. 帰無仮説 ($H_0$) と対立仮説 ($H_1$) を立てる

以下，帰無仮説が正しいという前提下で実施

2. データをもとに検定統計量 ($t$ 値，$\chi^2$ 値，$F$ 値など) を計算する

3. 検定統計量の数値がどのくらいありえないかを検討する

4. まずありえないと言える基準を超えた場合は，$H_0$ を棄却し $H_1$ を採択する

仮説検定では，帰無仮説と対立仮説と呼ばれる 2 つの仮説を立てます。帰無仮説とは，「(母集団には) 違いがない」といった否定的な仮説のことを言います。通常，分

析者は何かしらの差があることを期待して検定を行うことが一般的ですから，帰無仮説は退けたい仮説になります (無に帰したい仮説だから帰無仮説なのです)。一方，対立仮説とは「(母集団には) 違いがある」といった肯定的な仮説のことを言います。こちらは，一般に分析者が正しさを証明したい仮説になります。

　奇妙に聞こえるかもしれませんが，仮説検定では分析者が証明したい対立仮説ではなく，否定したい帰無仮説が正しいという前提に立って議論します。そのうえで，議論の矛盾を突いて前提を否定し，対立仮説が正しいことを示します。このような議論の方法を背理法と言います。推理ドラマで「自分が犯人だとしたら (否定したい仮説)，殺人が起きた時刻に犯行現場にかけつけることはできない。よって私は犯人ではない (証明したい仮説)」といった主張がなされる場面を目にすることがあると思います。あれは，正に背理法を使った無実の証明になります。

　議論の矛盾を示すために，仮説検定ではデータをもとに $t$ 値などの検定統計量を算出します。検定統計量とは，帰無仮説を棄却できるかどうかの判断に用いられる，検定の要となる統計量のことです。検定統計量は対応する確率分布に従いますので，こちらを参照することで算出された統計量の数値の珍しさを確率的に示すことができます。そのうえで，「比較対象間に違いがないのだとしたら，こんなに極端な検定統計量が得られることはまずありえない」と訴えることで，帰無仮説を棄却して，違いがあると判断します。仮説検定において，帰無仮説が棄却できることを，有意 (significant) と言います。母平均などの母数の差を強調して，有意差と呼ぶこともあります。

　仮説検定では「"絶対に"ありえない」という言い方はできないことに注意してください。あくまで検討統計量を確認して，その出現確率が事前に決めた基準よりも小さければ有意と，そうでなければ有意ではないと判断します。また，このような有意かどうかを決める確率的な基準を有意水準と言い，その確率を，probability の頭文字である $p$ を使って「$p=.05$」「$p=.01$」と表記します。5%有意水準 ($p<.05$) よりも，1%有意水準 ($p<.01$) の方が検定統計量が得られる確率がより小さくないと有意と判断されないため，違いがあると主張したい分析者にとっては厳しい基準になります。推奨される有意水準は研究分野によって異なりますが，心理学では5%か1%を基準にすることが一般的です。

## 4.2　$t$ 検定

### 4.2.1　データの種類

　$t$ 検定のデータは種類によって異なる呼び方をします。表 4.1 は，定期的に運動をしている 16 名と，運動をする習慣がない 16 名の健康度の得点をまとめたものです。

表 4.1: 運動の有無による健康度の得点の違い

|  |  | 平均値 |
|---|---|---|
| 運動習慣あり | 4 4 1 4 5 4 1 3 4 5 5 4 3 2 6 5 | 3.75 |
| 運動習慣なし | 3 0 0 2 2 0 3 5 2 4 2 2 3 4 1 3 | 2.25 |

　この表のように2群の参加者が異なるデータを，独立した標本 (independent samples) と呼びます。一方，同一人物に対して行った2回の試験成績を比較する場合のように，同じ参加者に対して繰り返し測定を行ったデータを，対応ありの標本 (paired samples) と言います。また，標本の平均値が任意の数値 (jamovi の初期設定では0) ではないことを $t$ 検定で確かめたい場合は，データは1つの標本 (one sample) になります。データの種類によって検定統計量の算出法が若干異なります。しかし，検定の基本的な流れや結果の見方は同じであるため，本章の説明を読めば分析に困ることはないでしょう。以降では，表 4.1 をもとに独立した標本の $t$ 検定 (スチューデントの $t$ 検定) の手順を説明した後，jamovi を使った分析の仕方を紹介します。また，jamovi を使った対応ありの $t$ 検定の方法についても簡単に説明します。

### 4.2.2　帰無仮説と対立仮説の設定

　$t$ 検定の場合，帰無仮説は「2つの (母) 平均間には差がない」，対立仮説は「2つの (母) 平均間には差がある」になります。

### 4.2.3　$t$ 値の算出

　$t$ 検定の仮説検定量は $t$ 値であり，次の式で求められます。

- サンプルサイズが等しい場合

$$t = \frac{\overline{x}_A - \overline{x}_B}{\sqrt{\dfrac{s_A^2}{n_A} + \dfrac{s_B^2}{n_B}}} \tag{4.1}$$

- サンプルサイズが異なる場合

$$t = \frac{\overline{x}_A - \overline{x}_B}{\sqrt{(n_A-1)s_A^2 + (n_B-1)s_B^2}} \sqrt{\frac{n_A n_B (n_A + n_B - 2)}{n_A + n_B}} \tag{4.2}$$

　$x_A$, $s_A^2$, $n_A$ は，標本 A の平均値，不偏分散，サンプルサイズ，$x_B$, $s_B^2$, $n_B$ は標本 B の平均値，不偏分散，サンプルサイズを表しています。サンプルサイズが等しい場合の式 (4.1) を見てみましょう。式の分子は 2 つの平均値の差になります。ここで平均値の差を 1 標本と見なして差の標本分布を想定すると，その平均値は 2 つの母平均の差 $(\mu_1 - \mu_2)$ に等しく 0 になります。一方，式の分母は，標本 A と B の標準誤差の合成値を表しており，平均の標準誤差 ($SE$) に相当します。したがって，$t$ 値の計算式は本来次のような形で表すことができ，平均の差の標準化得点を表していることがわかります。

$$t = \frac{(\overline{x}_A - \overline{x}_B) - (\mu_1 - \mu_2)}{SE} \tag{4.3}$$

　式 (4.2) は，サンプルサイズの違いに応じて 2 標本の平均値に重み付けをしていますが，式の意味は同じです。

　中心極限定理より，サンプルサイズが大きいほど標本分布は正規分布に近似し，それを標準化した結果は標準正規分布になります。しかし，$t$ 値では，分母にあたる標準誤差に母分散 ($\sigma_A^2$, $\sigma_B^2$) ではなくその推定値 ($s_A^2$, $s_B^2$) を用いているため，その分布は $t$ 分布に従います。$t$ 分布も正規分布と同じく確率分布ですが，自由度によって形状が変化します。自由度が大きいほど，$t$ 分布は正規分布に近似します。

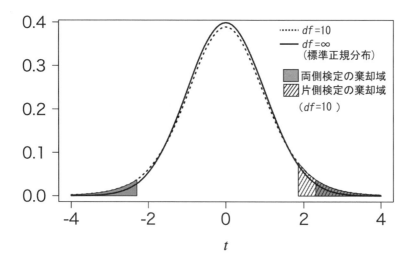

図 4.1: $t$ 分布

　自由度とは，自由に決めることができる変数の個数のことです。「$x_1 + x_2 + x_3$」のように 3 つの変数からなる式の場合，自由度は 3 になります。一方，「$x_1 + x_2 + x_3$」の式で，その平均値 $\bar{x}$ が仮に 3 であるとわかっていて，$x_1$ が 0，$x_2$ が 0 なら，$x_3$

は自動的に 9 に決まってしまいます。つまり，$x_3$ には自由がなくなるのです。その
ため，自由度は 2 になります。$t$ 値の式では不偏分散 ($s_A^2$, $s_B^2$) を求める過程で，2
つの平均値 ($\bar{x}_A$, $\bar{x}_B$) が使われます。そのため，$t$ 値の自由度は 2 標本のサンプルサ
イズの和から 2 を引いた値 ($n_A + n_B - 2$) になります。

### 4.2.4　棄却値

仮説検定のために分布の端に設定する区間のことを棄却域と言い，棄却域とそれ
以外の区間を分ける境界値を棄却値と呼びます。比較する標本平均の大小関係につ
いて事前に仮説がない場合は，$t$ 分布の両側に，全体に占める面積が有意水準の確率
と同じになるように棄却域を設けます。もし $t$ 値の絶対値が棄却値の絶対値を上回
る場合は，0.05 未満の確率でしか出現しない値が得られたことを意味し，5% 水準で
有意だと判断します。棄却値の具体的な数値は各自由度の $t$ 分布の形状によって変
化します。

### 4.2.5　信頼区間

有意かどうかの判断は信頼区間を使って行うこともできます。信頼区間 (confidence
interval: CI) とは，ある信頼度の下で母数を推定するための範囲のことで，信頼度
を頭に添えて 95%CI のように記述します。信頼度が 95% という場合は，標本を抽
出して信頼区間を求めるという作業を 100 回繰り返したときに，95 回は信頼区間内
に母数があると期待できるということを意味します。2 標本の母平均の差 $\mu_1 - \mu_2$ の
95%CI は，$t$ 値の 95% が ± 5% 水準の棄却値 ($t_{\alpha/2}$) の間に収まることを利用して次
の手順で算出できます。

$$-t_{\alpha/2} \leq t \leq t_{\alpha/2} \tag{4.4}$$

式 (4.3) より，

$$-t_{\alpha/2} \leq \frac{(\bar{x}_A - \bar{x}_B) - (\mu_1 - \mu_2)}{SE} \leq t_{\alpha/2}$$
$$-t_{\alpha/2} \times SE + (\bar{x}_A - \bar{x}_B) \leq \mu_1 - \mu_2 \leq t_{\alpha/2} \times SE + (\bar{x}_A - \bar{x}_B) \tag{4.5}$$

このとき，$\mu_1 - \mu_2$ の信頼区間に 0 が含まれていなければ，$\mu_1 \neq \mu_2$ である，つま
り有意だと判断します。

### 4.2.6　両側検定と片側検定

比較する標本平均間の大小関係について事前に仮説がある場合は，正負の片側に
棄却域を設けることができます。両側に棄却域を設ける場合を両側検定と呼ぶのに

対し，片側だけに棄却域を設ける場合を片側検定と言います。例えば，「標本 A の方が標本 B よりも (母) 平均が大きい」という対立仮説を立てた場合，帰無仮説は「A と B の (母) 平均には差がないか B の (母) 平均の方が大きい」ということになりますから，*t* 分布の負の側に棄却域を設ける必要はありません。そのため，図 4.1 の斜線部のように，正の側にだけ 5% の面積に相当する棄却域を設けます。注意点として，安易に片側検定を行うと，分析結果が有意かどうかを分析者が恣意的に選択できてしまうという問題が生じます。そのため，片側検定を用いる場合は，母平均の大小関係を予測する理論的根拠を明確にするとともに，データ収集後に後付で行わないことが重要です。

## 4.3   *t* 検定の前提条件

上述した独立した標本の *t* 検定は，特にスチューデントの *t* 検定と呼ばれます。この検定法には，(1) 比較する母集団が正規分布している (正規性)，(2) 比較する母集団の分散が等しい (等分散性)，(3) 比較するデータ間に関連がない (独立性)，という 3 つの前提条件があります。jamovi では，正規性の検定はシャピロ・ウィルクの検定 (Shapiro-Wilk test)，等分散性の検定はルビーン検定 (Levene's test) を使って行うことができます。また，jamovi では等分散か否かにかかわらず使用できるウェルチの *t* 検定 (Welch's *t* test) や，順序尺度のデータの比較が可能なマン・ホイットニーの *U* 検定 (Mann- Whitney *U* test) を選択して実施することもできます。マン・ホイットニーの *U* 検定はもとの 2 群のデータが連続尺度であっても，個々の観測値は順位として扱われます。

## 4.4   効果量

帰無仮説の下で計算される検定統計量に対応した *p* 値は，標本のサンプルサイズが大きいほど小さな値を取りやすくなります。そのため，比較する標本間の統計量にほんのわずかな違いしかなくても，サンプルサイズが大きければ有意だと判断されてしまいます。サンプルサイズに関係なく，差の大きさや関連性の強さを示す指標を効果量 (effect size) と言います。効果量は，差の大きさの指標となる *d* 族と関連の強さの指標となる *r* 族に大別されます。5 章で説明する積率相関係数 *r* も効果量の一種です。*t* 検定では，効果量の指標としてコーエンの *d* (Cohen's *d*) がよく用いられます。

$$d = \frac{|\bar{x}_A - \bar{x}_B|}{\sqrt{\dfrac{s_A^2 + s_B^2}{2}}} \tag{4.6}$$

　この式の分子は t 値の計算にも使用した 2 つの平均値の差で，分母は 2 つの標準偏差の平均値に相当します。コーエンの d の指標に従うと，2 標本の平均値の差が等しくても分散が大きい場合には効果量は小さくなります。また，コーエンの d の数値を解釈する目安として，数値が 0.2 より大きく 0.5 未満であれば効果量は小，0.5 以上，0.8 未満であれば効果量は中程度，0.8 以上であれば効果量は大となります。

## 4.5　jamovi を使った対応がない t 検定

　表 4.1 のデータを使って，jamovi で独立した標本の t 検定を行います。メニュー「Data (データ)」の任意の列に運動あり群の 16 名の健康度，その下に運動なし群の 16 名の健康度の得点をつなげて入力し，変数のラベル名を「score」，データ型を「Continuous (連続尺度)」にしてください。これが平均値を比較する変数になります。

　次に score とは別の列に，2 群を区別するための変数を作成します。運動なし群の場合は 0，運動あり群の場合は 1 を入力し，変数のラベル名を「group」，データ型を「Nominal(名義)」にしてください。群分けに使う記号は便宜的なものなので，群ごとに異なっていれば別の数字や文字を使っても問題はありません。

　メニュー「Analyses(分析)」「T-Tests(t 検定)」「Independent Samples T-Test(独立した標本の t 検定)」を選択します。分析指定画面の「Dependent Variables(従属変数)」に「score」，「Grouping Variable(グループ変数)」に「group」を指定すると，t 検定の結果が出力されます。

Independent Samples T Test

|  |  | statistic | df | p |
|---|---|---|---|---|
| Score | Student's t | 2.90 | 30.0 | 0.007 |

図 4.2: t 検定の結果

　初期設定では「statistics(統計量)」「df(自由度))」「p(p 値))」の 3 つの数値が出力されます。ここでの統計量とは t 値のことです。また，p 値は表に示された t 値よりも低い値が得られる確率を示しています。p 値が有意水準で設定した確率よりも小さければ ($p<.05$, $p<.01$)，まずありえない値が得られたことになりますので，帰無仮説を棄却して有意と判断します。

| オプション | 意味 | 説明 |
|---|---|---|
| Tests(検定) | | |
| Student's | スチューデントの *t* 検定 | 独立した標本の *t* 検定を行う。正規性と等分散性を仮定する。 |
| Bayes factor | ベイズ因子 | ベイズ因子を算出する。 |
| Welch's | ウェルチの *t* 検定 | 等分散を仮定しない *t* 検定を行う。正規性は仮定する。 |
| Mann-Whitney U | マン・ホイットニーの *U* 検定 | 独立した順序データを比較する。正規性を仮定しない。 |
| Hypothesis(仮説) | | |
| Group 1 ≠ Group 2 | 平均に差がある | 両側検定を行う。 |
| Group 1 > Group 2 | 群 1 の方が群 2 よりも (母) 平均が高い | 片側検定を行う。 |
| Group 1 < Group 2 | 群 1 の方が群 2 よりも (母) 平均が低い | 片側検定を行う。 |
| Missing values(欠損値) | | |
| Exclude cases analysis by analysis | ペアワイズ削除 | 分析ごとに欠損値が含まれているケースを除外する。 |
| Exclude cases listwise | リストワイズ削除 | 欠損値が含まれているケースをすべての分析から除外する。 |
| Additional Statistics(その他の統計量) | | |
| Mean difference | 平均値の差 | 平均値の差，および差の標準誤差を算出する。 |
| Effect size | 効果量 | コーエンの *d* を算出する。 |
| Confidence interval | 信頼区間 | 信頼区間を算出する。初期値は「95%」。 |
| Descriptives | 記述統計 | サンプルサイズ，平均値，中央値，標準偏差，標準誤差を算出する。 |
| Descriptives plots | 記述統計プロット | 平均値と中央値のグラフを作成する。平均値のエラーバーは95%信頼区間。 |
| Assumption Checks(前提条件のチェック) | | |
| Normality (Shapiro-Wilk) | 正規性 (シャピロ・ウィルク検定) | 有意なら正規分布とは言えない。 |
| Normality (Q-Q plot) | 正規性 (Q-Q プロット) | Q-Q プロットを作成する。 |
| Equality of variances | 分散の等質性 | ルビーン検定を行う。 |

# 4.6　jamovi を使った対応がある $t$ 検定

　対応がある $t$ 検定を行う場合は，比較するデータ間に相関があるため，独立性の仮定を満たしません。そのため，2 標本の対応している値同士の差をもとに $t$ 値を計算します。対になった値の差の平均値を $\overline{D}$，不偏分散を用いた差の標準偏差を $s_D$，サンプルサイズを $n$ とするとき，$t$ 値は次の式で表せます。

$$t = \frac{\overline{D}}{s_D/\sqrt{n}} \tag{4.7}$$

　jamovi を使った分析では，メニュー「Analyses(分析)」「T-Tests($t$ 検定)」「Paired Samples T-Test(対応がある $t$ 検定)」を選択します。比較したい 2 つの変数は列を分けて，データ型を連続尺度にして作成してください。

　分析指定画面の「Paired Variables(対応あり変数)」欄に作成した 2 つの変数を指定すると $t$ 検定の結果が出力されます。表の形式や見方は独立した $t$ 検定のときと同じです。また，対応ありの順序データの値を比較したい場合はウィルコクソンの符号順位検定 (wilcoxon signed-rank test) が利用できます。

| オプション | 意味 | 説明 |
|---|---|---|
| Tests(検定) | | |
| Student's | スチューデントの $t$ 検定 | 対応がある $t$ 検定を行う。正規性と等分散性を仮定する。 |
| Bayes Factor | ベイズ因子 | ベイズ因子を算出する。 |
| Wilcoxon rank | ウィルコクソンの符号順位検定 | 対応がある順序データを比較する。正規性を仮定しない。 |
| Hypothesis(仮説) | | |
| Measure 1 $\neq$ Measure 2 | 平均に差がある | 両側検定を行う。 |
| Measure 1 $>$ Measure 2 | 測定値 1 の方が測定値 2 よりも (母) 平均が高い | 片側検定を行う。 |
| Measure 1 $<$ Measure 2 | 測定値 1 の方が測定値 2 よりも (母) 平均が低い | 片側検定を行う。 |
| Missing values(欠損値) | | |
| Exclude cases analysis by analysis | ペアワイズ削除 | 分析ごとに欠損値が含まれているケースを除外する。 |
| Exclude cases listwise | リストワイズ削除 | 欠損値が含まれているケースをすべての分析から除外する。 |

| オプション (続き) | 意味 | 説明 |
|---|---|---|
| Additional Statistics(その他の統計量) | | |
| Mean difference | 平均値の差 | 平均値の差，および 差の標準誤差を算出する。 |
| Effect size | 効果量 | コーエンの $d$ を算出する。 |
| Confidence interval | 信頼区間 | 信頼区間を算出する。 初期値は「95%」。 |
| Descriptives | 記述統計 | サンプルサイズ，平均値， 中央値，標準偏差， 標準誤差を算出する。 |
| Descriptives plots | 記述統計プロット | 平均値と中央値のグラフ を作成する。 平均値のエラーバーは 95%信頼区間。 |
| Assumption Checks(前提条件のチェック) | | |
| Normality (Shapiro-Wilk) | 正規性 (シャピロ・ウィルク検定) | 有意なら正規分布とは 言えない。 |
| Normality (Q-Q plot) | 正規性 (Q-Q プロット) | Q-Q プロットを作成する。 |

# 参考文献

[1] Cohen, J. (1988). *Statistical Power Analysis for Behavioral Scientists* (2nd ed.). LEA.

[2] 南風原 朝和 (2014). 続・心理統計学の基礎—統合的理解を広げ深める　有斐閣

[3] 岩原 信九郎 (1957). 教育と心理のための推計学　新日本印刷株式会社

[4] 森 敏昭・吉田 寿夫 (2000). 心理学のためのデータ解析テクニカルブック　北大路書房

[5] 永田 靖・吉田 道弘 (1997). 統計的多重比較法の基礎　サイエンスティスト社

[6] Rowntree, D. (1981). *Statistics Without Tears: A Primer for Non-mathematicians.* Allyn & Bacon. (ロウントリー, D. 加納 悟 (訳) (2001). 新・涙なしの統計学. 新世社)

[7] 山内 光哉 (2009). 心理・教育のための統計法 (第 3 版)　サイエンス社

# 相関と回帰

　相関とは 2 つの変数間の関連を指します。身長が伸びると体重も増えるように，身長と体重の間には明らかな相関があります。

表 5.1: 身長と体重の記録

|  |  |  |  |  |  |  |  |  | 平均 |
|---|---|---|---|---|---|---|---|---|---|
| 身長 (m) | 1.65 | 1.69 | 1.67 | 1.75 | 1.71 | 1.74 | 1.71 | 1.68 | 1.70 |
| 体重 (kg) | 56 | 66 | 69 | 68 | 68 | 77 | 71 | 60 | 66.9 |

　相関の有無を知る一つの方法は散布図を描くことです。図 5.1 は表 5.1 をもとに作成した散布図であり，各データ点が個々の参加者を示しています。

　身長が増えるに連れて，体重も右肩上がりに増加していることが見てとれます。このように，一方の変数の値が上がると他方の変数の値も増加する関係を正の相関と言います。一方，1 週あたりの平均睡眠時間が下がると日中の疲労感が上昇するというように，一方の変数の値が上がると他方の変数の値が減少する関係を負の相関と言います。また，各データ点が一直線上に並ぶほど強い相関があることを表します。

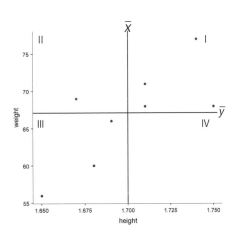

図 5.1: 身長と体重の散布図

## 5.1　共分散と相関係数

　相関の強さは共分散や相関係数と呼ばれる指標で示すことができます。共分散 $(s_{xy})$ は，次の式で表されます。

$$s_{xy} = \frac{\displaystyle\sum_{i=1}^{n}(x_i - \bar{x})(y_i - \bar{y})}{n} \tag{5.1}$$

　図 5.1 のように散布図を $x$ と $y$ の 2 つの変数の平均値で垂直に交わる線で 4 象限に分けるとき，あるデータ点の $x$ と $y$ の偏差 (値と平均の差) の積の符号が正であれば第 I か第 III 象限に，積の符号が負であれば第 II か第 IV 象限にそのデータ点が含まれます。共分散 $(s_{xy})$ はこのようにして求めた偏差の積の和をサンプルサイズ $(n)$ で割った平均値に相当します。図 5.1 から明らかなように，共分散が大きな正の値を取るほど正の相関が，大きな負の値をとるほど負の相関があることを意味します。また，分散に不偏分散があったように，共分散も，母集団の推定値として算出する場合には $n$ の代わりに $n-1$ で割った不偏共分散が用いられます。

　共分散は便利ですが，変数の単位の影響を受けるという欠点があります。身長と体重の相関であれば，身長の単位が m から cm に変化すると，共変量は 100 倍になってしまいます。これでは数値同士の比較が難しいため，一般的には共分散を標準化した相関係数 (correlation coefficient) がよく用いられます。相関係数は，共分散を $x$ と $y$ の各標準偏差の積で割ることで算出できます。

$$r = \frac{s_{xy}}{s_x \cdot s_y} = \frac{1}{n}\sum_{i=1}^{n}\frac{(x_i - \bar{x})(y_i - \bar{y})}{s_x \cdot s_y} \tag{5.2}$$

　相関係数という場合，通常は式 (5.2) で示したピアソンの積率相関係数を指します。相関係数は，変数の単位に関係なく常に $-1$ から $+1$ の範囲の値を取ります。相関係数の値と相関の強さの関係を解釈する際の目安は表 5.2 のとおりです。

表 5.2: 相関係数の解釈の目安

| | |
|---|---|
| $.7 < \|r\| \le 1$ | 強い相関 |
| $.4 < \|r\| \le .7$ | 中程度の相関 |
| $.2 < \|r\| \le .4$ | 弱い相関 |
| $\|r\| \le .2$ | 相関なし |

　また相関係数の仮説検定法として無相関検定 (test of no correlation) が知られています。無相関検定の帰無仮説は「2 つの変数間の相関係数は 0 である」というものであり，この検定の結果が有意だった場合に係数が 0 ではないと言えます。ここで，相関係数が有意だからといって，相関があるとは必ずしも言えない点に注意してください。サンプルサイズが大きくなるほど，相関係数が小さな値でも有意と判断されるためです。相関係数がほとんど 0 に近い場合でも，膨大な人数を対象にすれば有意という結果が得られてしまうのです。このような場合は，相関係数が 0 ではないというこ

とが言えるだけで実質的な相関はありません。相関分析の結果を解釈する際は，必ず相関係数の数値の大きさを確認しましょう。

## 5.2　相関係数を用いる際の注意点

　相関係数を用いる場合は，次の点に注意してください。1つ目は，ピアソンの積率相関係数は直線的な関係を示す指標であり，曲線的な関係を示すことには向かないということです。もし，曲線的な単調増加もしくは単調減少の関係性を示したい場合は，スピアマン (Spearman) やケンドール (Kendall) の順位相関係数 (correlation coefficient) を使用してください。また，逆 U 字型のような非単調な関係性がある場合，相関係数はほぼ 0(無相関) になってしまい，関連を示すことができません。2つ目は，外れ値の存在です。散布図を描いたときに，全体の分布から大きく離れている位置にあるデータ点は外れ値の可能性があります。データに外れ値が含まれると，相関係数の値の大きさや符号に影響を与えて不適切な数値が算出されてしまいます。3つ目は，疑似相関 (pseudo correlation) の可能性です。私たちの常識では，体重が重い人は速く走るうえで体重が不利に働くはずです。しかし，成長期の様々な年齢の子どもを集めて体重と 50m 走のタイムを測り，それらの相関係数を求めると，体重が重い子どもほどタイムが短いという直感に反する結果が得られます。これは常識が間違っているわけではなく，年齢という第 3 の変数の影響を考慮しないために生じる疑似相関です。疑似相関かどうかを調べる方法として，第 3 の変数の影響を除いたうえで，本来の検討対象である 2 つの変数間の相関係数を求めるやり方があります。このようなやり方で算出される相関係数を，偏相関係数 (partial correlation coefficient) と言います。元の相関係数と比べて偏相関係数の数値が非常に小さくなった場合は，疑似相関が生じていると考えられます。

## 5.3　jamovi を使った相関分析

　メニュー「Data」を選択し，表 5.1 をもとにして，変数名「height」に身長のデータを，変数名「weight」に体重のデータを入力し，データ型を「Continuous (連続)」に変更してください。次に，メニュー「Analyses」「Regression」「Correlation Matrix」を選択します。分析指定画面の左のボックスにある height 変数，weight 変数を選択し，矢印ボタ

Correlation Matrix

|  |  | height | weight |
|---|---|---|---|
| height | Pearson's r | — |  |
|  | p-value | — |  |
| weight | Pearson's r | 0.736 | — |
|  | p-value | 0.038 | — |

図 5.2: 相関分析の結果

ンを押して右のボックスに移動すると相関行列表が出力されます。初期設定では，ピアソンの積率相関係数と無相関検定の結果の$p$値が表示されます。相関行列表を見ると$p = .038$で.05を下回っているため，身長と体重の間の相関は5%水準で有意に0ではないと判断します。出力する統計量は，分析指定画面の下にあるチェック・オプションで変更できます。

| オプション | 意味 | 説明 |
|---|---|---|
| Correlation Coefficients (相関係数) | | |
| Pearson | ピアソン | ピアソンの積率相関係数を算出する。 |
| Spearman | スピアマン | スピアマンの順位相関係数を算出する。 |
| Kendall's tau-b | ケンドールの$\tau$-b | ケンドールの順位相関係数を算出する。 |
| Hypothesis (仮説) | | |
| Correlated | 相関 | 相関の有無について両側検定を行う。 |
| Correlated positively | 正の相関 | 正の相関の有無について片側検定を行う。 |
| Correlated negatively | 負の相関 | 負の相関の有無について片側検定を行う。 |
| Additional Options (その他のオプション) | | |
| Report significance | 有意性の報告 | 無相関検定の結果に，$p$値を追加する。 |
| Flag significant correlations | 有意な比較に印 | 無相関検定の有意な結果に*印を追加する。 |
| N | サンプルサイズ | サンプルサイズを出力する。 |
| Confidence interval | 信頼区間 | 信頼区間を算出する。初期値は95%。 |
| Plot (作図) | | |
| Correlation matrix | 相関行列 | 散布図行列を描く。 |
| Densities for variables | 変数の密度 | 散布図行列に密度曲線を表示する。 |
| Statistics | 統計量 | 散布図行列に相関係数を表示する。 |

### 5.3.1    jamoviのアドインを使って散布図を描く方法

Plotオプションの相関図行列は複数の散布図を列記するには便利ですが，1つの散布図だけを見たい場合もあります。jamoviの「scatr」モジュールを追加すると，「Exploration (探索)」「Scatterplot (散布図)」を選択して1つの散布図を描画できます。図5.1の散布図はこのモジュールを使って描いたものです。次に説明する回帰直線を散布図に追加することもできます。

## 5.4 単回帰

相関は2つの変数間の関連を表しますが，因果関係を想定した分析ではありません。個人の身長を原因 (説明変数：$x_i$) として体重の結果 (応答変数：$y_i$) を予測するといった場合は回帰分析を用います。回帰分析では $x$ と $y$ について次のような直線のモデルを作って予測します。

$$\hat{y}_i = \beta_0 + \beta_1 x_i \tag{5.3}$$

図 5.3 は，図 5.1 に式 (5.3) を重ねて描いたものです。式の $\beta_0$ は切片，$\beta_1$ は傾きにあたります。$\hat{y}$ は回帰直線による $y$ の予測値です。このような直線を回帰直線と言い，

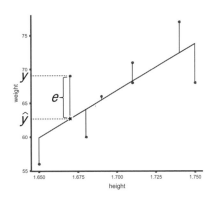

図 5.3: 単回帰直線

1つの説明変数を含む回帰直線で応答変数を予測する分析を単回帰分析と呼びます。また，傾きにあたる係数 $\beta_1$ を特に回帰係数と呼びます。回帰係数は $x$ の1変化あたりの $y$ の変化量であり，$y$ に対する $x$ の影響力の強さを反映します。

各データ点と直線式の予測値とのズレの大きさ $y_i - \hat{y}_i$ を残差 (residual：$e$) と呼びます。すべてのデータ点に対する残差の総和が小さいほど，回帰直線の予測が正確であることを意味します。図 5.3 の回帰直線は，残差の平方和 (各残差を2乗した合計) が最小になるように引かれています。なぜ，総和ではなく平方和なのかと言うと，残差の符号を正の値に揃えるためです。このようなやり方を最小2乗法と言います。

$$\sum_{i=1}^{n} e_i^2 = \sum_{i=1}^{n} (y_i - \hat{y}_i)^2 = \sum_{i=1}^{n} (y_i - \beta_0 - \beta_1 x_i)^2 \tag{5.4}$$

式 (5.4) の $\sum e_i^2$ が最小になる $\beta_0$ と $\beta_1$ を求めると次の回帰直線が得られます。

$$\hat{y}_i = -169 + 139 x_i \tag{5.5}$$

## 5.5 適合度

残差が示すとおり，回帰直線は観測値を完璧に予測できるわけではありません。回帰直線の予測の精度は適合度の指標で表します。決定係数 (coefficient of determination)

である $R^2$ はそのための指標です。

$$R^2 = 1 - \frac{SS_E}{SS_T} = \frac{SS_M}{SS_T} = \frac{\displaystyle\sum_{i=1}^{n}(\hat{y}_i - \bar{y})^2}{\displaystyle\sum_{i=1}^{n}(y_i - \bar{y})^2} \tag{5.6}$$

この式では，全体平方和 (各観測値と平均値の 2 乗和：$SS_T$) に占める残差の平方和 ($SS_E$) を求め，それを 1 から引くことで回帰直線で説明される変動の割合 ($SS_M$) を計算します。$R^2$ は 0 から 1 までの値をとり，1 に近いほど，データを良く予測するモデルであることを意味します。

なお，$R^2$ の正の平方根を取った値は重相関係数と言い $R$ の記号を使います。$R$ と $r$ の間には関連があり，単回帰分析では，重相関係数の値はピアソンの積率相関数に等しくなります。

## 5.6 回帰直線の仮説検定

回帰直線が有意かどうかは，$F$ 分布を用いた分散分析で検証します。分散分析では，切片だけを持つ帰無モデル (null model：$y_i = \beta_0 + e_i$) を帰無仮説，切片と傾きの両方を含む回帰モデル ($y_i = \beta_0 + \beta_1 x_i + e_i$) を対立仮説として，検定にかけます。検定統計量は $F$ 値であり，次の式で表されます。

$$F = \frac{SS_M/df_M}{SS_E/df_E} \tag{5.7}$$

$df_M$ は回帰直線の自由度で式に含まれる「説明変数の数 ($K$)」，$df_E$ は残差の自由度で「$n-K-1$」です。モデルの仮説検定の基本的な考え方や，有意かどうかの判断の仕方は古典的な分散分析 (8 章参照) と同じです。

## 5.7 回帰係数の仮説検定

もし回帰直線が有意であったとしても，そのモデルの回帰係数 $\beta_i$ が 0 付近であれば，説明変数の影響力が実質的にないことになり意味がありません。回帰モデルに含まれる回帰係数が 0 でないかは $t$ 検定で調べることができます。$\beta_i$ の推定値を $\hat{\beta}_i$，標準誤差を $SE(\hat{\beta}_i)$ とするとき，$t$ 値は次の式になります。

$$t = \frac{\hat{\beta}_i}{SE(\hat{\beta}_i)} \tag{5.8}$$

## 5.8 jamovi を使った単回帰分析

　相関分析の際に作成した「height」変数と「weight」変数を使って，個人の身長で体重を予測，説明できるかを単回帰分析で調べます。メニュー「Analyses」「Regression」「Linear Regression」を選択します。「Dependent Variable(応答変数)[9]」に「weight」変数を，「Covariates(共変量)」に「height」変数を指定すると，分析結果が出力されます。結果の「Model Fit Measures(適合度指標)」では，応答変数の観測値と回帰式の予測値の間の重相関係数 $R$ と，データが回帰式にどのくらい当てはまるかを示す決定係数 $R^2$ の指標が示されます。回帰直線 (モデル全体) が有意かを調べるために「Model Fit」オプションから「F test」にチェックを入れましょう。一方，「Model Coefficients(モデル係数)」では，回帰式の切片 (intercept) と回帰係数の推定値 (Estimate)，標準誤差 ($SE$)，$t$ 値，$p$ 値が表示されます。切片と回帰係数の $t$ 値や $p$ 値は切片や回帰係数について $t$ 検定を行った結果であり，有意な場合は 0 ではないことを意味します。なお，名義尺度の変数を「Factors(因子)」に投入して回帰分析の式に組み込むこともできます。

Model Fit Measures

| Model | R | R² | Overall Model Test | | | |
|---|---|---|---|---|---|---|
| | | | F | df1 | df2 | p |
| 1 | 0.736 | 0.541 | 7.08 | 1 | 6 | 0.038 |

Model Coefficients - weight

| Predictor | Estimate | SE | t | p |
|---|---|---|---|---|
| Intercept | -169 | 88.9 | -1.91 | 0.105 |
| height | 139 | 52.3 | 2.66 | 0.038 |

図 5.4: 単回帰分析の結果

　単回帰分析では説明変数が 1 つだけですので，$F$ 検定と回帰係数の $t$ 検定の結果は同じになります。結果を見ると，$p$ 値が 0.038 で 0.05 を下回りますので，5%水準で有意と言えます。そのため，身長が体重を予測する (身長が体重に影響する) と結論します。

---

[9]英語の直訳は従属変数ですが，説明変数に対応させるために応答変数としました。

# 参考文献

[1] 岩原 信九郎 (1957). 教育と心理のための推計学　新日本印刷株式会社

[2] 森 敏昭・吉田 寿夫 (2000). 心理学のためのデータ解析テクニカルブック　北大路書房

[3] 山内 光哉 (2009). 心理・教育のための統計法 (第 3 版)　サイエンス社

# 重回帰分析

5章では，人の身長 $(x_1)$ で体重 $(y)$ を予測できるかを単回帰分析で検討しました。しかし，人の体重は必ずしも背の高さだけで決まるわけではありません。そこで，体重を予測する説明変数に各人の1日の摂取カロリ $(x_2)$ を追加してみましょう。

表 6.1: 身長および1日の摂取カロリと体重の記録

|  |  |  |  |  |  |  |  |  | 平均 |
|---|---|---|---|---|---|---|---|---|---|
| 身長 (m) | 1.65 | 1.69 | 1.67 | 1.75 | 1.71 | 1.74 | 1.71 | 1.68 | 1.70 |
| 摂取カロリ (cal) | 2162 | 2218 | 2275 | 2026 | 2120 | 2361 | 2115 | 2324 | 2200 |
| 体重 (kg) | 56 | 66 | 69 | 68 | 68 | 77 | 71 | 60 | 66.9 |

複数の説明変数を含む回帰モデルを立てて，応答変数の直線的な変化を予測する手法を重回帰分析と言います。

## 6.1　重回帰式

説明変数が2つの場合の重回帰式は次のとおりです。

$$\hat{y}_i = \beta_0 + \beta_1 x_{i1} + \beta_2 x_{i2} \qquad (6.1)$$

説明変数の数に応じて $\beta$ の数は増えていきます。単回帰モデルは1次元の「線」であったのに対し，説明変数が2つの重回帰モデルは図 6.1 のように2次元の「面」になります。

各データ点と真下の回帰平面上の $\hat{y}$ との距離は残差 $e_i$ です。定数 $\beta_0$ は切片，$\beta_1$ や $\beta_2$ は回帰平面の傾きです。$\beta_1$ や $\beta_2$ を重回帰分析では偏回帰係数と呼びます。偏回帰係数 $\beta_i$ は，説明変数 $x_i$

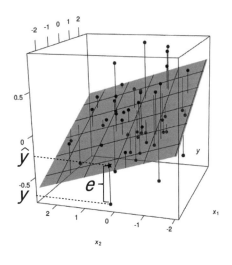

図 6.1: 回帰平面の例

と応答変数 $y$ から残りの説明変数の影響を除いたあとに計算される回帰係数を意味します。5 章で求めた身長の回帰係数には，身長から体重への直接的な影響だけでなく，身長が高いことで 1 日の摂取カロリが増えることが体重に与える影響も含まれます。これに対し，重回帰分析で算出される身長の偏回帰係数は摂取カロリの影響を除いた身長の影響だけを反映します。

重回帰モデルでも，最小 2 乗法を使って各点の残差の平方和が最小になる解を求めることで，切片や偏回帰係数を算出できます。

$$\hat{y_i} = -239.0256 + 155.1743 x_{i1} + 0.0191 x_{i2} \tag{6.2}$$

## 6.2　標準化偏回帰係数

重回帰式の偏回帰係数を使って，説明変数間の予測力を比較することはできないでしょうか。式 (6.2) を見ると，身長の偏回帰係数は約 155.1743，摂取カロリの偏回帰係数は約 0.0191 であり，身長の方が体重に対する影響力が大きいように見えます。しかし，実は単位が異なる偏回帰係数間で値を比較することには意味がありません。単位が変われば，説明変数 $x_i$ が 1 増加したときの $y$ の変化量が異なり，偏回帰係数の値も変わってしまうためです。このような単位の影響をなくす方法として標準化が使えます。重回帰分析を行う前に，すべての変数を標準化することで平均と標準偏差を同じに揃えてしまうのです。標準化得点を用いて算出された偏回帰係数のことを標準化偏回帰係数と呼びます。

$$\hat{y_i} = 0.821 x_{i1} + 0.340 x_{i2} \tag{6.3}$$

式 (6.3) は，標準化得点を用いた場合の重回帰式です。標準化得点は平均が 0 のため，切片も 0 になります。身長と摂取カロリの標準化回帰係数を見ると，身長は0.821，摂取カロリは 0.340 です。このことから，身長の方が体重に与える影響力が大きいと推測できます。

## 6.3　重回帰モデルの適合度と検定

単回帰式の場合と同様に，重回帰式のデータへの当てはまりの良さは決定係数 $R^2$ や $F$ 検定を使って評価できます。重回帰式の決定係数は，重決定係数と呼ばれることもあります。決定係数の結果を報告する際の注意点として，$R^2$ の値は，実際のモデルの当てはまりの良さとは関係なく，説明変数の数が増えるほど値が増加するということが挙げられます。そのため，説明変数の数の影響を考慮して数値を調整した自由度調整済 $R^2$(adjusted R-squared) を算出してこちらを報告する，もしくは $R^2$ と並記することもあります。

また，決定係数の平方根をとった値 $R$ は重相関係数と呼ばれ，応答変数 $y$ と重回帰式の予測値 $\hat{y}$ の相関係数になります。

$$重相関係数：R = \sqrt{重決定係数} = \sqrt{\frac{重回帰モデルの変動：SS_M}{データ全体の変動：SS_T}} \tag{6.4}$$

重相関係数は 0 から 1 の値をとり，値が大きいほど予測値 ($\hat{y}$) と観測値 ($y$) の関連が強いことを意味します。

## 6.4 回帰分析の前提条件

回帰分析には，1) 残差が正規分布する (正規性)，2) 残差の分散が等しい (等分散性)，3) 説明変数が互いに独立である，という 3 つの前提条件があります。残差が正規分布しているかどうかを視覚的に調べる方法として Q-Q プロットの描画があります。Q-Q プロットは，横軸に理論的分位点，縦軸に標準化した残差をとってデータをプロットします。各データ点が直線上に並ぶほど正規性の仮定が満たされていることを意味します。

また，残差の等分散性は，各説明変数と残差の散布図や回帰モデルの予測値と残差の散布図を描くことで確認できます。このとき観測値が均一に散らばっていれば，等分散性が保たれていると言ってよいでしょう。また，月ごとの売り上げといった時系列のデータを扱う

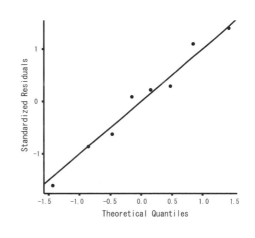

図 6.2: Q-Q プロット

場合，散布図を描いたときに系列に沿って残差が規則的に変化するパタンが見られることがあります。このような自己相関 (系列相関) は，回帰係数の推定を不正確にする原因になります。自己相関があるかは，ダービン・ワトソン検定 (Durbin-Watson test) を使って調べることができます。

## 6.5 多重共線性

説明変数間に強い相関が見られ，独立性が保たれていない状況を多重共線性と言います。多重共線性が生じると，偏回帰係数が正しく求まらないという問題が生じます。多重共線性の有無は，変数間の相関係数を算出して高い相関を持つ変数のペ

アがないかを見ることで大まかに知ることができます。しかし，このやり方では 2 変数の相関だけに着目しており，複数の変数との関係性を考慮していません。そのため，別の検証法として，トレランス (tolerance) や VIF (variance inflation factor) の指標がよく用いられます。任意の説明変数 $x_i$ を応答変数として他の説明変数による重回帰分析を行ったときの重相関係数を $R_i$ とするとき，トレランスは次の式で計算します。

$$\text{トレランス} = 1 - R_i^2 \tag{6.5}$$

トレランスの逆数をとると VIF になります。

$$\text{VIF} = \frac{1}{1 - R_i^2} \tag{6.6}$$

トレランスの数値が 0.1 を下回る，あるいは VIF の数値が 10 を越える場合は多重共線性の危険が高いと判断します。この場合は，相関する説明変数のどちらかを除いて分析をしましょう。


## 6.6　jamovi を使った重回帰分析

表 6.1 のデータを使って重回帰分析を行います。5 章で作成した「height」変数と「weight」変数に加えて，任意の列に摂取カロリを入力してラベル名を「calorie」，データ型を「Continuous(連続)」とした新たな変数を作成します。メニュー「Analyses」「Regression」「Linear Regression」を選択し，「Dependent Variable (応答変数)」に「weight」変数を，「Covariates(共変量)」に「height」変数と「calorie」変数を指定すると，分析結果が出力されます。

初期設定で表示される統計量は単回帰の場合と同じです。回帰直線 (モデル全体) が有意かを調べるためには，「Model Fit」オプションの「F test」にチェックを入れます。応答変数に対する説明変数の影響力を比較したい場合は「Model Coefficients(モデル係数)」オプションから「Standardized estimate(標準化推定値)」にチェックを入れると標準化係数が追加されます。なお，名義尺度の変数を「Factors(因子)」に指定して回帰分析を行うこともできます。


**Model Builder (モデルビルダー)**

説明変数の主効果 (main effect) に加えて交互作用 (interaction) を含む回帰式のモデルの作成や比較を行えます (主効果や交互作用の用語の説明は 8 章を参照)。右の「Model Terms (モデル項)」の「+ Add New Block」ボタンを押してブロックを追加すると，新たなモデルの作成を開始します。左の「Predictors (予測因子)」ボックス

Model Fit Measures

| Model | R | R² | Overall Model Test | | | |
|---|---|---|---|---|---|---|
| | | | F | df1 | df2 | p |
| 1 | 0.806 | 0.650 | 4.64 | 2 | 5 | 0.073 |

Model Coefficients - weight

| Predictor | Estimate | SE | t | p |
|---|---|---|---|---|
| Intercept | -239.0256 | 101.7903 | -2.35 | 0.066 |
| height | 155.1743 | 51.6848 | 3.00 | 0.030 |
| calorie | 0.0191 | 0.0154 | 1.24 | 0.269 |

図 6.3: 重回帰分析の結果

からモデルに組み込みたい説明変数を選択し，中央上の矢印ボタンを押すと，「Model Terms(モデル項)」ボックスに移動し，主効果としてモデルに組み込まれます。

　Ctrl(Mac の場合は command) キーを押しながら説明変数をクリックすると，複数の変数を一度に選択できます。またその状態で，中央上の矢印ボタンを押すと，主効果だけでなく選択した変数同士の交互作用も一緒にモデルに投入されます。中央下の矢印ボタンでは，選択した変数の投入の仕方を「main effect(主効果)」，「Interaction (交互作用)」もしくは特定の次数の交互作用の中から選ぶことができます。最初の Block1 で作成した回帰式のモデルは，切片だけを含む帰無モデル (null model) と比較され，有意な違いがあるかが検定されます。Block2 以降に指定した説明変数は 1 つ前のブロックのモデルに新たに投入され，投入前と後のモデル間での比較が行われます。

### Reference Levels(参照水準)

　名義尺度の変数をモデルに投入した場合に，その変数の基準となる水準を変更できます。出力結果では，対象となる変数の値が基準とした水準から他方の水準に変化した場合の (偏) 回帰係数が算出されます。

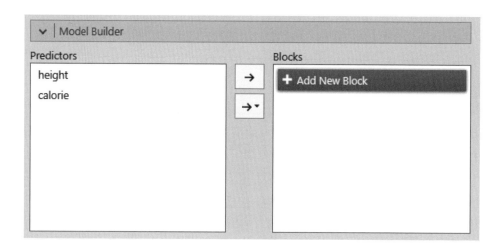

図 6.4: モデルビルダーの画面

## Assumption Checks(前提条件のチェック)

　回帰分析の前提条件が満たされているかを確認するために指定します。

| オプション | 意味 | 説明 |
|---|---|---|
| Autocorrelation test | 自己相関検定 | ダービン・ワトソン検定を行う。 |
| Collinearity statistics | 共線性統計量 | 多重共線性に関わる VIF とトレランスを算出する。 |
| Shapiro-Wilk | シャピロ・ウィルク検定 | 正規性の検定を行う。有意なら，正規分布とは言えない。 |
| Q-Q plot of residuals | 残差 Q-Q プロット | 残差の Q-Q プロットを算出する。 |
| Residual plots | 残差プロット | 残差のグラフを作成する。 |
| Cook's distance | クックの距離 | 測定値ごとにクックの距離を算出する。 |

## Model Fit(モデル適合度)

　データに対する回帰式の当てはまりの良さを評価するするために指定します。jamovi では，適合度の指標として，決定係数の他にも赤池情報量規準 (akaike information criterion: AIC)，ベイズ情報量規準 (bayesian information criterion: BIC)，2 乗平均誤差平方根 (root mean squared error: RMSE) を算出することもできます。AIC や BIC は複数のモデルの適合度を比較する際に用いられるもので，値が小さい方が良いモデルと言えます。RMSE は，回帰式の平均平方の平方根を取ったもので，0 に近いほど当てはまりが良いモデルであることを意味します。

| オプション | 意味 | 説明 |
|---|---|---|
| R | (重) 相関係数 | (重) 相関係数を算出する。 |
| $R^2$ | 決定係数 | 決定係数を算出する。 |
| Adjusted $R^2$ | 調整済み決定係数 | 調整済み決定係数を算出する。 |
| AIC | 赤池情報量規準 | 赤池情報量規準を算出する。 |
| BIC | ベイズ情報量規準 | ベイズ情報量規準を算出する。 |
| RMSE | 2 乗平方誤差平方根 | 2 乗平方誤差平方根を算出する。 |
| F test | $F$ 検定 | $F$ 検定を用いてモデル間の有意差を検定する。 |

## Model Coefficients(モデル係数)

各説明変数の係数が 0 でないかどうかを検定するために指定します。

| オプション | 意味 | 説明 |
|---|---|---|
| ANOVA Test | ANOVA | 回帰係数について ANOVA で仮説検定を行う。 |
| Confidence interval | 信頼区間 | 信頼区間を算出する。初期値は 95% 。 |
| Standardized estimate | 標準化推定値 | 標準化回帰係数を算出する。 |
| Confidence interval | 信頼区間 | 信頼区間を算出する。初期値は 95% 。 |

## Estimated Marginal Means(推定周辺平均)

　推定周辺平均はモデルから導出される推定値です。モデルに組み込む変数は，変数の一覧から「Marginal Means (周辺平均)」ボックスに移して指定します。名義尺度の変数 (カテゴリ変数) の場合，各変数のカテゴリ (水準) あるいはそれらを組み合わせた条件のセルごとに，従属変数に指定した変数の平均値を推定します。このとき出力される推定値は，他のカテゴリないし水準の影響を除いた平均値になります。連続尺度の変数の場合，共変量に指定した変数の値 (平均)，+1SD した値 (平均+1SD)，−1SD した値 (平均 −1SD) を使って，従属変数に指定した変数の平均値を推定します。

| オプション | 意味 | 説明 |
|---|---|---|
| Equal cell weights | セル均等重み付け | 各セルで均等に重み付けするか (チェック)，各セルの度数に従って重み付けする (非チェック)。 |
| Confidence interval | 信頼区間 | 信頼区間を算出する。初期値は 95% 。 |
| Marginal means plots | 周辺平均プロット | 推定された周辺平均値のグラフを作成する。 |
| Marginal means tables | 周辺平均表 | 推定された周辺平均値の表を作成する。 |

# 参考文献

[1] Dobson, A. J., & Barnett, A. G. (2018). *An Introduction to Generalized Linear Models.* CRC Press. (ドブソン, A. J. ・バーネット, A. G. 田中 豊・森川 敏彦・山中 竹春・富田 誠 (訳) (2008). 一般化線形モデル入門 (原著第 2 版)　共立出版)

[2] 南風原 朝和 (2014). 続・心理統計学の基礎―統合的理解を広げ深める　有斐閣

[3] 森 敏昭・吉田 寿夫 (2000). 心理学のためのデータ解析テクニカルブック　北大路書房

[4] 山内 光哉 (2009). 心理・教育のための統計法 (第 3 版)　サイエンス社

# $\chi^2$ 検定

　$t$ 検定では，母集団が正規分布しているという仮定がありました。このように母集団の分布に仮定を設ける仮説検定をパラメトリック (parametric) 検定と言います。一方，そのような仮定を設けない仮説検定もあり，こちらはノンパラメトリック (nonparametric) 検定と呼びます。$\chi^2$ 検定は，ノンパラメトリック検定の一種で，$\chi^2$ 分布を用いる検定法のことを指します。本章では，$\chi^2$ 検定を使ってカテゴリ間の比率の違いや関連の有無を調べる方法を説明します。

## 7.1　1標本の場合

　例えば，サイコロに細工がされて特定の目が出やすくなっていないかを調べるために，1,200 回サイコロを振って出た目を記録したところ，表 7.1 の結果が得られたとしましょう。これを見ると，他の目と比べて 6 の目が出やすいように見えます。この結果は，サイコロに細工がされていることを示しているのでしょうか，それともただの偶然の産物なのでしょうか。もしサイコロにイカサマがなければ，理論的には各目が出る確率はいずれも 1/6 で，表 7.2 のように出現回数が等しくなるはずです。

　そこで，観測値と期待値の分布に違いがあるかを $\chi^2$ 検定を使って調べることにします。このように得られたカテゴリデータの度数分布が理論的な分布に当てはまる

| | |
|---|---|
| 1 | 185 |
| 2 | 166 |
| 3 | 204 |
| 4 | 183 |
| 5 | 171 |
| 6 | 291 |
| 合計 | 1,200 |

| | |
|---|---|
| 1 | 200 |
| 2 | 200 |
| 3 | 200 |
| 4 | 200 |
| 5 | 200 |
| 6 | 200 |
| 合計 | 1,200 |

表 7.1: サイコロの目の結果 (観測表)　　　表 7.2: サイコロの目の結果 (期待値表)

かを調べるための検定を，特に $\chi^2$ 適合度検定 ($\chi^2$ goodness of fit test) と呼びます。
$\chi^2$ 適合度検定における帰無仮説は「観測値の度数分布は期待値の分布と一致する」，
対立仮説は「観測値の度数分布は期待値の分布と一致しない」となります。$\chi^2$ 適合
度検定では，検定統計量として $\chi^2$ 値を求めます。

$$\chi^2 = \sum \frac{(\text{観測値} - \text{期待値})^2}{\text{期待値}} \tag{7.1}$$

$\chi^2$ 値が現れる確率は $\chi^2$ 分布と呼ばれる確率分布を使って計算します。

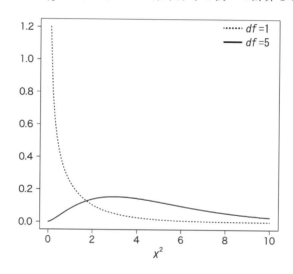

図 7.1: $\chi^2$ 分布

$\chi^2$ 分布の形状は自由度によって変化します。$\chi^2$ 適合度検定の自由度は，「カテゴ
リ数 $-1$」で計算できます。

## 7.2    jamovi を使った $\chi^2$ 適合度検定

メニュー「Data (データ)」の任意の列に 1 から 6 のサイコロの目を入力し，変数
のラベル名を「dice」，データ型を「Nominal (名義尺度)」にします。また別の列に
は，1 列目に入力したサイコロの目と行を揃えて各目の出現回数を入力し，変数の
ラベル名を「dice_count」にします。

メニュー「Analyses (分析)」「Frequencies (度数)」から，「One Sample Pro-
portion Tests (1 標本の比率検定)」にある「N Outcomes (N カテゴリの結
果)」を選択します。分析指定画面の「Variable」に「dice」変数，「Counts
(optional)」に「dice_count」変数を指定すると検定結果が出力されます。

図 7.2 の上段は度数分布表で，サイ
コロの目の「Level (水準)」「Count (回
数)」「Proportion (割合)」が表示され
ます。図 7.2 の下段は $\chi^2$ 検定の結果で，
「$\chi^2$ ($\chi^2$ 値)」，「df (自由度)」，「p ($p$ 値)」
が表示されます。$p$ 値が.001 よりも小
さい場合は，「<.001」のように不等号
で数値が示されます。もし観測値と一
緒に期待値の結果も出力したい場合は，
「Expected count(期待回数)」にチェッ
クを入れてください。

適合度の検定結果は，$p$ 値が.05 より
小さいため 5%水準で有意と判断しま
す。調査したサイコロは，やはり特定
の目が出やすいように細工がされてい
るようです。

Proportions - dice

| Level | | Count | Proportion |
|---|---|---|---|
| 1 | Observed | 185 | 0.154 |
| | Expected | 200 | 0.167 |
| 2 | Observed | 166 | 0.138 |
| | Expected | 200 | 0.167 |
| 3 | Observed | 204 | 0.170 |
| | Expected | 200 | 0.167 |
| 4 | Observed | 183 | 0.152 |
| | Expected | 200 | 0.167 |
| 5 | Observed | 171 | 0.142 |
| | Expected | 200 | 0.167 |
| 6 | Observed | 291 | 0.242 |
| | Expected | 200 | 0.167 |

$\chi^2$ Goodness of Fit

| $\chi^2$ | df | p |
|---|---|---|
| 54.0 | 5 | < .001 |

図 7.2: 適合度の検定結果

### 7.2.1 期待比

サイコロの標本では，どの目も同じ
確率で出現しました。しかし，各カテゴリの理論的な出現確率が等しくないケース
も考えられます。例えば，「全国の年齢区分別人口と比べて A 市の人口分布に違いが
ないか」を調べる場合，全国の各年齢区分の人口が理論的な分布になりますが，そ
の区分ごとの出現確率は異なります。このように，各カテゴリの理論的な比率に違
いがある標本について分析をしたい場合は，「Expected Proportions(期待比)」から，
「Level(水準)」ごとに「Ratio(割合)」を指定します。初期設定では，すべての水準
の比率はどれも等しく「1」なっています。この期待比を変更することで，様々な理
論的な分布とデータの分布の違いを比較することができます。

## 7.3　2標本の場合

企業は，サイトの出来映えによって売り上げが変わることを知っており，売り上
げを向上させるサイトを模索します。その際の1つのやり方として A/B テストがあ
ります。A/B テストでは，A と B の2つのウェブサイトを用意し，企業のホーム
ページを訪れたユーザーをランダムにどちらかのウェブサイトに飛ばして，そこで

の購入者数の割合を比較します。2 つのサイトで購入者数の割合に有意差があれば，購入率が高いサイトの方が優れていると判断できます。表 7.3 は A/B テストの結果です。

表 7.3: A/B テストの結果 (観測値表)

| ウェブサイト | 購入者 | 非購入者 | 合計 |
|---|---|---|---|
| A | 2,080 | 7,920 | 10,000 |
| B | 2,190 | 7,810 | 10,000 |
| Total | 4,270 | 15,730 | 20,000 |

このように，2 つのカテゴリの水準を縦横にクロスさせて度数を示す表をクロス集計表 (cross-tabulation table) もしくは分割表 (contingency table) と呼びます。ここでは，ウェブサイトと訪問者の購買行動のカテゴリ間に関連があるかを $\chi^2$ 検定で調べてみます。ここで，関連がないことを「独立」，また関連の有無に関する検定を特に独立性の検定 (test of independence) と呼びます。

今回の帰無仮説は「2 つのウェブサイトで購入者の比率には差がない」，対立仮説は「2 つのウェブサイトで購入者の比率には差がある」となります。独立性の検定では，帰無仮説が正しい場合，購入者と非購入者の割合は A と B を合わせた度数の比に等しいと考えます。その場合の両者の比率は「4,270 : 15,730」です。各ウェブサイトを訪れた人数をこの比に従うように購入者と非購入者に振り分けると表 7.4 の期待値表が作成できます。

表 7.4: A/B テストの結果 (期待値表)

| Website | 購入者 | 非購入者 | 合計 |
|---|---|---|---|
| A | 2,135 | 7,865 | 10,000 |
| B | 2,135 | 7,865 | 10,000 |
| Total | 4,270 | 15,730 | 20,000 |

自由度は「(変数 1 のカテゴリ数 $-1$)×(変数 2 のカテゴリ数 $-1$)」で計算できます。2×2 のクロス集計表であれば，自由度は $(2-1) \times (2-1) = 1$ です。ただし分割表内に観測値数が少ないセルがある場合，$\chi^2$ 値の分布が $\chi^2$ 分布に近似しません。この問題への対処法として，2×2 の分割表について，$\chi^2$ 値に変更を加えるイェーツの連続性の修正 (Yate's continuity correction) を行うか，フィッシャーの直接確率検定 (Fisher's exact test) と呼ばれる別の検定法を用いるという処置がよくとられ

ます。

## 7.4 jamovi を使った独立性の検定

### 7.4.1 分割表を使った方法

メニュー「Data(データ)」の 2 列を使
用し，一方の列には「A，B，A，B」と
入力し，変数のラベル名を「Website」，
他方の列には「bought, bought, not
bought, not bought」と入力して，変
数のラベル名を「behavior」，データ型
は「Nominal(名義尺度)」にします。こ
れで，2 つの列を行ごとに見ると，ウェ
ブサイト A の購入者，ウェブサイトの
B の購入者，ウェブサイト A の非購入
者，ウェブサイト B の非購入者の 4 つの
条件ができました。さらに別の列に，4
つの各条件と行を揃えて，「2080，2190，
7920，7810」というように度数を入力し，
変数のラベル名を「behavior_count」，
データ型を「Continuous (連続)」にし

Contingency Tables

| Website | | behavior | | |
|---|---|---|---|---|
| | | bought | not bought | Total |
| A | Observed | 2080 | 7920 | 10000 |
| | Expected | 2135 | 7865 | 10000 |
| B | Observed | 2190 | 7810 | 10000 |
| | Expected | 2135 | 7865 | 10000 |
| Total | Observed | 4270 | 15730 | 20000 |
| | Expected | 4270 | 15730 | 20000 |

$\chi^2$ Tests

| | Value | df | p |
|---|---|---|---|
| $\chi^2$ | 3.60 | 1 | 0.058 |
| N | 20000 | | |

図 7.3: 独立性の検定結果

ます。データを作成できたら，メニュー「Analyses(分析)」「Frequencies(度数)」か
ら「Contingency Tables(分割表)」にある「Independent Samples (独立した標本)」
を選択します。分析指定画面の「Rows(行)」に「Website」変数，「Columns(列)」に
「behavior」変数，「Counts(optional)(回数 [オプション])」に「behavior_count」変数
を指定すると，検定結果が出力されます。

図 7.3 の上段はクロス集計表です。図 7.3 の下段は $\chi^2$ 検定の結果で，「Value(値)」，
「df(自由度)」，「p(p 値)」が表示されます。「Value(値)」には「$\chi^2$」と「N(合計度数)」
の 2 の数値が示されます。

$p$ 値は.05 よりも大きいため，検定の結果は有意ではないと判断します。つまり，
どちらのウェブサイトでも購入者の割合に違いはないと結論します。

### 7.4.2 ローデータを使った方法

先ほどのやり方ではあらかじめ分割表を作成している必要がありますが，集計前の
ローデータを使って検定を行うことも可能です。その場合は，「website」と「behavior」

の列に各人が訪れたウェブサイトと購入の有無を入力し，それらを分析指定画面の
「Rows(行)」と「Columns(列)」に指定すると，同じ検定結果が出力されます。

## Statistics(統計量)

チェックを入れた統計量を検定結果の表に追加します。

| オプション | 意味 | 説明 |
|---|---|---|
| Tests(検定) | | |
| $\chi^2$ | $\chi^2$ 検定 | 独立性の検定を実施する。 |
| $\chi^2$ continuity correction | 連続性の補正 $\chi^2$ | イェーツの連続性の修正を加えた $\chi^2$ 検定を行う。 |
| Likelihood ratio | 尤度比 $\chi^2$ | 尤度比検定を行う。 |
| Fisher's exact test | フィッシャーの直接確率検定 $\chi^2$ | フィッシャーの直接確率検定を実施する。2×2 の分割表のみ。 |
| Nominal(名義) | | |
| Contingency coefficient | 分割係数 | 関連の強さを示す C 係数を算出する。1 に近いほど関連が強い。 |
| Phi and Cramer's V | $\phi$ 係数, クラメールの V | 関連の強さを示す $\phi$ 係数 (2×2 のみ) とクラメールの V を算出する。1 に近いほど関連が強い。 |
| Comparative Measures (2x2 only)(比較指標 (2×2 の分割表のみ)) | | |
| Log odds ratio | 対数オッズ比 | 関連の強さをオッズ比の対数で算出する。[10] |
| Odds ratio | オッズ比 | 関連の強さを (a/b)/(c/d) の比で算出する。[10] |
| Relative risk | 相対リスク | 関連の強さを (a/a+b)/(c/c+d) の比で算出する。 |
| Confidence interval | 信頼区間 | 信頼区間を算出する。初期値は 95%。 |
| Ordinal(順序) | | |
| Gamma | ガンマ係数 | 順位相関係数の一種であるグッドマン・クラスカルの $\gamma$ を算出する。 |
| Kendall's tau-b | ケンドールの $\tau-b$ | ケンドールの順位相関係数 $\tau-b$ を算出する。 |

---

[10]2×2 の分割表の各セルの度数を左上から時計回りに a, b, d, c の記号で表している。

**Cells(セル)**

チェックを入れた数値をクロス集計表に追加します。

| オプション | 意味 | 説明 |
|---|---|---|
| Counts(回数) | | |
| Observed counts | 観測値 | 観測値を表示する。 |
| Expected counts | 期待値 | 期待値を表示する。 |
| Percentages(割合)) | | |
| Row | 行 | 行に占める割合を表示する。 |
| Column | 列 | 列に占める割合を表示する。 |
| Total | 全体 | 全体に占める割合を表示する。 |

## 7.5　検定の誤り

　仮説検定の結論は絶対に正しいというわけではありません。例えば，5%水準で検定を行うというとき，私たちは「本当は有意でないにもかかわらず有意な結果が得られる」誤りが 0.05 の確率で生じることを受け入れています。このようなエラーを第1種の誤り (type 1 error) と呼び，その確率を危険率と言います。危険率の記号は，有意判定の基準と同じ $\alpha$ です。一方，「本当は有意であるにもかかわらず有意でないという結果が得られる」誤りが生じる可能性もあり，このような誤りを第2種の誤り (type 2 error) と呼びます。第2種の誤りを犯す確率は $\beta$ の記号で表します。また，$1-\beta$ とすると，有意であることを正しく検出する確率を示す検出力となります。

表 7.5: 真実と検定結果の組み合わせによる誤りの有無と確率

| | | 真実 | |
|---|---|---|---|
| | | 帰無仮説は誤り | 帰無仮説が正しい |
| 検定結果 | 有意 | 正しい判断：$1-\beta$ | 第1種の誤り：$\alpha$ |
| | 有意でない | 第2種の誤り：$\beta$ | 正しい判断：$1-\alpha$ |

# 参考文献

[1] 南風原 朝和（2014）．続・心理統計学の基礎──統合的理解を広げ深める　有斐閣

[2] 森 敏昭・吉田 寿夫 (2000). 心理学のためのデータ解析テクニカルブック　北大路書房

[3] 山内 光哉 (2009). 心理・教育のための統計法 (第 3 版)　サイエンス社

# 分散分析

　フィッシャー (Fisher) が確立した分散分析 (ANalysis Of Variance: ANOVA) は，複数の平均値間の差をデータの分散の大きさに置きかえて比較する検定法です。しかし，このやり方は今では古典的で，統計ソフトでは一般線形モデル (general linear model：GLM) の枠組みで分散分析の計算を行う方が一般的です。GLM には汎用性があり，分散分析だけでなく回帰分析も同じモデルで扱うことができるためです。本章ではフィッシャーの分散分析の手順を説明します。GLM を使った分散分析のやり方については，第 10 章を参照してください。

## 8.1　分散分析と $t$ 検定の違い

　$t$ 検定と異なり，分散分析では 3 つ以上の平均値の比較も行うことができます。表 8.1 は，参加者を 16 名ずつ 3 群に分けて，異なるリラクセーションの技法を実施した後の緊張得点を示した表です。

表 8.1: リラクセーション法による緊張得点の違い

|  |  | 平均値 ($\bar{A}$) |
|---|---|---|
| 技法 1 | 7 9 6 8 5 6 2 9 9 3 4 1 5 6 5 5 | 5.63 |
| 技法 2 | 4 3 6 5 3 4 6 1 4 7 1 5 3 2 4 5 | 3.94 |
| 技法 3 | 6 7 8 7 8 1 5 5 6 7 4 4 6 7 5 4 | 5.63 |
|  | 全体平均 ($\bar{T}$): | 5.06 |

　3 種類の技法間で緊張得点の平均値に差があるかを $t$ 検定で調べようとすると，技法 1 と技法 2，技法 2 と技法 3，技法 3 と技法 1 の 3 つのペアについて $t$ 検定を 3 回繰り返すことになります。しかし，このような検定の反復は第 1 種のエラーが生じる確率 $\alpha$ を不当に高めてしまうため望ましくありません。例えば，有意水準を 5% として $t$ 検定を 3 回繰り返した場合，第 1 種の過りが少なくとも 1 回生じる確率は $1 - (1 - 0.05)^3 = 0.142625$ となり，.05 を上回ってしまいます。分散分析では，3 群

以上の平均値の比較も一度の検定で実施できるため，このような多重性の問題を避けることができます。

## 8.2   分散分析の基礎用語

分散分析では $t$ 検定における対応なしに相当する場合を被験者間 (between subjects)，対応ありに相当する場合を被験者内 (within subjects) と呼びます。また，平均値を変化させる原因となる処理を要因，処理の種類を水準と言います。表 8.1 では，リラクセーション法が要因，3 種類の技法が水準に相当します。また，要因が 1 つのデータの構造を 1 元配置と呼びます。

## 8.3   1 元配置分散分析

表 8.1 のデータについての帰無仮説は「3 群の (母) 平均には差がない」，対立仮説は「3 群の (母) 平均には差がある」です。分散分析では，各値 $(x_{ij})$ は母集団における全水準に対する効果 $(\mu)$ に処理の効果 $(\alpha_i)$ と誤差 $(e_{ij})$ が加わって決まると考え，次の構造モデルで表します。

$$x_{ij} = \mu + \alpha_i + e_{ij} \tag{8.1}$$

ここで，処理の効果を全体平均 $(\bar{T})$ と群平均 $(\bar{A})$ の差，誤差を群平均と各人の観測値 $(x_{ij})$ の差 (残差) として考えます。つまり，処理の効果を群間の平均値の変動，残差を群内の観測値の変動して捉えるわけです。母数は未知のため，標本の全体平均 $(\bar{T})$，群平均 $(\bar{A}_i)$ を使って代用すると，式 (8.1) を次のように書き換えられます。

$$x_{ij} - \bar{T} = (\bar{A}_i - \bar{T}) + (x_{ij} - \bar{A}_i) \tag{8.2}$$

全体の変動 ＝ 群間の変動 + 群内の変動

これらの変動の総和を比較したときに，全体の変動に占める群間の変動の割合が大きいほど，処理の効果が強いことを意味します。全体，群間，群内の変動の総和を 2 乗和 (平方和) として算出すると，全体平方和 $(SS_T)$，群間平方和 $(SS_A)$，群内平方和 $(SS_E)$ が求まります。

$$SS_T = \sum_i \sum_j (x_{ij} - \bar{T})^2 \tag{8.3}$$

$$SS_A = \sum_i n_i (\bar{A}_i - \bar{T})^2 \tag{8.4}$$

$$SS_E = \sum_i \sum_j (x_{ij} - \bar{A}_i)^2 \tag{8.5}$$

### 8.3.1　$F$ 値の計算

　群間平方和と群内平方和はサンプルの大きさの影響を受けるため，それぞれを自由度で割って平均平方 (mean square：$MS$) を求めます。群間の自由度 ($df_1$) は「水準数 $-1$」，群内の自由度 ($df_2$) は「サンプルサイズ $-$ 水準数」です。群間平均平方 ($MS_A$) と群内平均平方 ($MS_E$) の比をとると $F$ 値を算出できます。

$$F = \frac{MS_A}{MS_E} = \frac{SS_A/df_1}{SS_E/df_2} \tag{8.6}$$

　$F$ 値は，分散分析における検定統計量になります。$F$ 値は $F$ 分布と呼ばれる確率分布に従います。

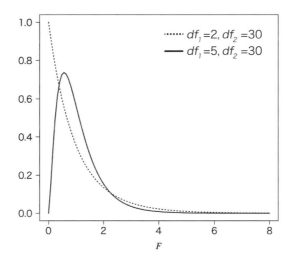

図 8.1: $F$ 分布

### 8.3.2　多重比較

　要因の水準が 3 以上の場合，多重比較 (multiple comparison) を実施して，どの水準間に有意差があるのかをさらに細かく検証できます。多重比較では各水準のペア同士の比較を繰り返す際に危険率が 5% を越えないように調整されます。このやり方にはテューキー (Tukey) 法，シェフェ(Scheffe) 法，ボンフェローニ (Bonferroni) 法，ホルム (Holm) 法などがあり，jamovi で選択できます。

## 8.4　分散分析の前提条件

　分散分析には，(1) データの母集団が正規分布している (正規性)，(2) データの母集団の分散が等しい (等分散性)，(3) 比較するデータ間に関連がない (独立性)，という3つの前提条件があります。正規性についてはシャピロ-ウィルク検定 (Shapiro-Wilk test)，等分散性についてルビーン検定 (Levene's test) を使って仮定が満たされているかどうかを調べられます。等分散が仮定できない場合はウェルチ (Welch) の分散分析を代わりに使用することができます。また，この場合の多重比較にはゲームス・ハウエル検定 (Games-Howell test) が使えます。一方，正規性が仮定できない場合はノンパラメトリック検定の1つであるクラスカル・ウォリス検定 (Kruskal-Wallis test) が行えます。

## 8.5　jamovi を使った1元配置分散分析 (被験者間)

　メニュー「Data」表8.1の緊張得点を1列に入力し，変数名を「tension」，データ型を「Continuous (連続)」にしてください。また，別の列に群を示す変数を作成します。変数名は「method」，データ型は「Nominal (名義)」にしてください。method変数には，tension 変数と参加者の行を揃えて施術された技法を「1」「2」「3」で入力します。

　メニュー「Analyses」「ANOVA」「One-Way ANOVA」を選択します。このメニューは，分散分析を簡易に行うためのもので，要因は1つしか選択できません。分析指定画面の「Dependent Variable(従属変数)」「Grouping Variable(グループ変数)」に，「tension」変数と「method」変数を指定します。初期設定では，等分散を仮定しないウェルチの分散分析の結果が出力されます。分析オプションの「Assume equal (Fisher's)(等分散を仮定する (フィッシャー法))」にチェックを入れると，フィッシャーの分散分析の結果も表示されます。結果を見ると群間の自由度は2，群内の自由度

One-Way ANOVA

|  |  | F | df1 | df2 | p |
|---|---|---|---|---|---|
| tention | Welch's | 4.36 | 2 | 29.5 | 0.022 |
|  | Fisher's | 3.75 | 2 | 45 | 0.031 |

図 8.2: 1 元配置分散分析の結果

は45，$F$ 値は3.75です。$p$ 値が0.05を下回ることから5%水準で有意と言えます。したがって，リラクセーションの技法により，平均値に差があると結論します。

表 8.2: One-way ANONA のチェック・オプション

| オプション | 意味 | 説明 |
|---|---|---|
| Variances (分散) | | |
| Don't assume equal (Welch's) | 等分散を仮定しない (ウェルチ法) | ウェルチの分散分析を行う。 |
| Assume equal (Fisher's) | 等分散を仮定する (フィッシャー法) | フィッシャーの分散分析を行う。 |
| Missing Values (欠損値) | | |
| Exclude cases analysis by analysis | ペアワイズ削除 | 分析ごとに欠損値が含まれているケースを除外する。 |
| Exclude cases listwise | リストワイズ削除 | 欠損値が含まれているケースをすべての分析から除外する。 |
| Additional Statistics (追加統計量) | | |
| Descriptives table | 記述統計表 | サンプルサイズ, 平均値, 中央値, 標準偏差, 標準誤差を出力する。 |
| Descriptives plots | 記述統計プロット | 平均値と 95%信頼区間のグラフを作成する。 |
| Assumption Checks (仮定チェック) | | |
| Normality (Shapiro-Wilk) | 正規性 (シャピロ-ウィルク) | 有意だと正規性を仮定できない。 |
| Normality (Q-Q plot) | 正規性 (Q-Q プロット) | Q-Q プロットを作成する。 |
| Equality of variances | 等分散性 | 有意だと等分散を仮定できない。 |

**Post-Hoc Test(事後検定)**

多重比較を行う場合に指定します。

表 8.3: Post-Hoc Test(事後検定) のオプション

| オプション | 意味 | 説明 |
|---|---|---|
| Post-Hoc Test (事後検定) | | |
| None | なし | 事後検定を実施しない。 |
| Games-Howell (unequal variances) | ゲームス・ハウエル法 (不等分散) | 多重比較を行う。等分散を仮定しない。 |
| Tukey (equal variances) | テューキー法 (等分散) | 多重比較を行う。等分散を仮定する。 |
| Statistics (統計量) | | |
| Mean difference | 平均値の差 | 結果に各水準間の平均値の差を追加する。 |
| Report significance | 有意性の報告 | 結果に $p$ 値を追加する。 |
| Test results (t and df) | 検定結果 (t と df) | 結果に $t$ 値と自由度 ($df$) を追加する。 |
| Flag significant comparisons | 有意な比較に印 | 結果に有意なことを示す*印を追加する。 |

## 8.6   2元配置分析

表 8.4 は，技法 C を除いて技法 A と B の緊張得点の結果を男女に分けて再集計したものです。要因が複数あるデータ構造を多元配置と言います。 多元配置の分散

表 8.4: リラクセーション法と性別による緊張得点の違い

|  | 男性 | 女性 | 平均値 $(\bar{A})$ |
|---|---|---|---|
| 技法 A | 7 9 6 8 5 6 2 9 | 9 3 4 1 5 6 5 5 | 5.63 |
| 技法 B | 4 3 6 5 3 4 6 1 | 4 7 1 5 3 2 4 5 | 3.94 |
| 平均 $(\bar{B})$ : | 5.25 | 4.31 | |
| | | 全体平均：$(\bar{T})$ | 4.78 |

分析では，要因単独の効果である主効果 (main effect) とは別に複数の要因の混合効果である交互作用 (interaction) の検定も行えます。この場合，データ全体の変動を次のように分解します。

$$\text{全体の変動} \quad = \quad \text{要因 } A \text{ の群間の変動} + \text{要因 } B \text{ の群間の変動}$$
$$+ \text{交互作用変動} + \text{残差} \tag{8.7}$$

検定できる効果が3つになりましたので，$F$ 値も 3 つ計算します。主効果の $F$ 値の求め方は1元配置の場合と同じですので説明は省略します。以下では，交互作用の $F$ 値の計算法を説明します。

### 8.6.1   交互作用

交互作用がある場合，一方の要因の効果が他方の要因の水準間で異なります。表8.4 のデータで言えば，よく効くリラクセーションの技法が男女で異なるといったことが起こります。表8.5 は，2つの要因の水準間を組み合わせた各セルの平均 (以下，各セル平均：$\bar{C}$) を示したものです。交互作用による値の変動は，各セル平均の偏差「各セル平均 − 全体平均」から2つの群間の変動を引くことで数値化できます。群間の変動を引く理由は，全体平均を中心とする各セル平均の変動には交互作用によるものだけでなく，主効果によるものも含まれているからです。

$$
\begin{aligned}
\text{交互作用変動} \quad &= \quad (\bar{C}_{ij} - \bar{T}) - (\bar{A}_i - \bar{T}) - (\bar{B}_j - \bar{T}) \tag{8.8} \\
&= \quad \bar{C}_{ij} - \bar{A}_i - \bar{B}_j + \bar{T} \\
&= \quad \text{各セル平均} - \text{技法の群平均} - \text{性別の群平均} + \text{全体平均}
\end{aligned}
$$

表 8.5: リラクセーション法 × 性別の各セル平均

| 技法 | 男性 | 女性 | 平均 |
|------|------|------|------|
| 技法 A | 6.50 | 4.75 | 5.63 |
| 技法 B | 4.00 | 3.88 | 3.94 |
| 平均 | 5.25 | 4.31 | |
| | | 全体平均：4.78 | |

交互作用の 4 つの各条件に含まれる参加者数を $n_{ij}$ とするとき，交互作用の平方和は次の式で求まります。

$$SS_{AB} \quad = \quad \sum_i \sum_j n_{ij}(\bar{C}_{ij} - \bar{A}_i - \bar{B}_j + \bar{T})^2 \tag{8.9}$$

## 8.6.2　残差

式 (8.7) より，全体の変動から各要因の変動と交互作用変動を引いた残りが残差になります。

$$
\begin{aligned}
残差 \quad &= \quad (x_{ijk} - \bar{T}) - (\bar{A}_i - \bar{T}) - (\bar{B}_j - \bar{T}) - (\bar{C} - \bar{A}_i - \bar{B}_j + \bar{T}) \\
&= \quad \bar{x}_{ijk} - \bar{C} = 参加者の得点 - 各セル平均
\end{aligned}
$$

最終的に，残差は各セル平均を中心とする参加者の得点の変動として表されます。これを使って残差の平方和 ($SS_E$) を求めます。

$$SS_E \quad = \quad \sum_i \sum_j \sum_k (\bar{x}_{ijk} - \bar{C})^2 \tag{8.10}$$

## 8.6.3　交互作用の $F$ 値

主効果の場合と同様に，$SS_{AB}$ の平均平方を求め，残差の平均平方で割ると $F$ 値を算出できます。交互作用の自由度は「(要因 1 の水準数 $-1$) × (要因 2 の水準数 $-1$)」，残差の自由度は「全体自由度 $-$ 各主効果の自由度 $-$ 交互作用の自由度」です。

## 8.6.4　単純主効果の検定

交互作用が有意の場合，ある要因の水準ごとに他方の要因の効果 (単純主効果) の有無を検定できます。このような分析を単純主効果 (simple main effect) の検定と言います。

## 8.7 jamovi を使った 2 元配置分散分析 (被験者間)

メニュー「Data」を選択し，表 8.4 をもとにして「tension」変数と「method」変数をそれぞれ作成します。また，別の列に性別を示す変数を作成します。変数名は「gender」，データ型は「Nominal (名義)」とし，他の 2 つの変数と参加者の行を揃えて女性なら「0」男性なら「1」と入力してください (性別を区別できれば，別の数字や文字でも構いません)。

データの作成を終えたら，メニュー「Analyses」「ANOVA」から「ANOVA」を選択します。このメニューは被験者間の分散分析を行うためのもので，1 要因から可能です。分析指定画面の「Dependent Variable(従属変数)」に「tension」変数，「Fixed Factors (要因)」に「method」「gender」の 2 つの変数を指定すると結果が出力されます。効果量を一緒に出力したい場合は「Effect Size (効果量)」から，「$\eta^2$」「partial $\eta^2$」「$\omega^2$」のうち表示したい統計量にチェックを入れてください。結果を見ると，method

ANOVA

|  | Sum of Squares | df | Mean Square | F | p |
|---|---|---|---|---|---|
| method | 22.78 | 1 | 22.78 | 5.30 | 0.029 |
| gender | 7.03 | 1 | 7.03 | 1.64 | 0.211 |
| method ✳ gender | 5.28 | 1 | 5.28 | 1.23 | 0.277 |
| Residuals | 120.37 | 28 | 4.30 | | |

図 8.3: 2 元配置分散分析の結果

の p 値のみ 0.05 を下回っており，5%水準で有意と言えます。したがって，リラクセーションの効果はありますが，性差や交互作用はないと判断します。

### Model(モデル)

分析のモデル (主効果や交互作用) を，Model(モデル) オプションから指定します。右の「Components」画面から分析のモデルに組み込みたい変数を選択し，中央上の矢印ボタンを押すと，左の「Model Terms」画面に移動し，主効果としてモデルに組み込まれます。この際，Ctrl(Mac の場合は command) キーを押しながら複数の変数を選択し，中央下の矢印ボタンを押すと，「Main effect (主効果)」や「Interaction (交互作用)」を指定してモデルに組み込むことができます。

平均値を比較する群間でサンプルサイズが異なると，全体平方和を群間と群内の平方和に綺麗に分解できなくなります。そのため，サンプルサイズが異なるデータ

でも個々の変動を計算できるように，平方和の計算法が幾つか考案されており，どの方法を使うかを選択できます。jamovi での初期設定では Type Ⅲ が指定されています。

- Type Ⅰ：主効果や交互作用の項を 1 つずつモデルに投入していき，投入前後のモデルの全体平方和を比較したときの増加量を平方和とします。モデル項を投入する順序により異なる平方和が算出されます。

- Type Ⅱ ：Type Ⅲ と似ていますが， Type Ⅱ では，検証したい項を要素に持つ項はモデルに含めません。それ以外のすべての主効果，交互作用の項を含むモデルと，検定したい項を除いたモデルとの間で全体平方和を比較し，減少量を平方和とします。変数の投入順序によらず平方和は同じになります。

- Type Ⅲ：主効果，交互作用の項をすべて含むモデルと，対象の項を除いたモデルとの間で全体平方和を比較し，減少量をその変数の平方和とします。変数の投入順序によらず平方和は同じになります。

## Assumption Checks(前提条件チェック)

正規性や等分散性の仮定が満たされているかを調べます。

| オプション | 意味 | 説明 |
|---|---|---|
| Homogeneity tests | 等質性の検定 | 有意だと等分散性を仮定できない。 |
| Normality (Shapiro-Wilk) | 正規性 (シャピロ・ウィルク検定) | 有意だと正規性を仮定できない。 |
| Normality (Q-Q plot) | 正規性 (Q-Q プロット) | データ点が直線上から外れるほど正規性が崩れている。 |

## Contrasts(対比)

水準ごとの平均値の変化の傾向を知りたい場合に指定します。

表 8.6: Contrasts のチェック・オプション

| オプション | 意味 | 説明 |
|---|---|---|
| none | なし | 対比を指定しない。 |
| deviation | 偏差 | 各水準の平均値と全体平均を比較する。 |
| simple | 単純 | 各水準の平均値と特定の平均値を比較する。 |
| difference | 差分 | 各水準とそれ以前の水準の全体平均を比較する。 |
| helmert | ヘルマート | 各水準とそれ以降の水準の全体平均を比較する。 |
| repeated | 反復 | 各水準の平均とその直後の水準の平均を比較する。 |
| polynomial | 多項式 | すべての水準の平均を線形や曲線的な変化と捉えて比較する。 |

## Post-Hoc Tests(事後検定)

多重比較を行う場合に指定します。

表 8.7: Post-Hoc Tests のチェック・オプション

| Correction (修正) | | |
|---|---|---|
| No correction | 補正なし | $p$ 値を補正しない。 |
| Tukey | テューキー法 | テューキー法による補正を行う。 |
| Scheffe | シェフェ法 | シェフェ法による補正を行う。 |
| Bonferroni | ボンフェローニ法 | ボンフェローニ法による補正を行う。 |
| Effect Size (効果量) | | |
| Cohen's $d$ | コーエンの $d$ | コーエンの $d$ を算出する。 |

## Estimated Marginal Means(推定周辺平均)

推定周辺平均値を算出します (6 章のチェック・オプションの説明を参照)。

表 8.8: Estimated Marginal Means のチェック・オプション

| Output (出力) | | |
|---|---|---|
| Marginal means plots | 周辺平均プロット | 周辺平均の推定値のグラフを作成する。 |
| Marginal means tables | 周辺平均表 | 周辺平均の推定値の表を作成する。 |
| General Options (全般オプション) | | |
| Equal cell weights | セル均等重み付け | 各セルで均等に重み付けするか (チェック)，セルの度数分布に従って重み付けする (非チェック)。 |
| Confidence interval | 信頼区間 | 推定周辺平均の信頼区間の幅を調整する。 |
| Plot (作図) | | |
| Error bars | エラーバー | 周辺平均プロットに表示するエラーバーを，「None(なし)」「Confidence interval(信頼区間)」「Standard error(標準誤差)」の中から選択する。 |
| Observed scores | 観測値 | 周辺平均プロットに観測値を表示する。 |

## 8.8　1元配置分散分析 (被験者内)

　被験者内の分散分析については，要点だけを簡単に説明します。例えば3種類の
リラクセーションの技法の条件に同じ参加者を割り当てた場合，各条件のデータに
相関が生じ独立性の仮定を満たしません。そのため，参加者に起因するデータの変
動を除いて $F$ 値を計算します。被験者内の構造モデルは，次のとおりです。

$$x_{ij} = \mu + \alpha_i + \beta_j + e_{ij} \tag{8.11}$$

　$\beta$ は参加者に起因する個人差です。この大きさは，ある参加者の3種類のそれぞ
れの技法に対応した緊張得点の平均を $\bar{p_j}$ とするとき，全体平均を中心とする得点の
変動 $(\bar{p_j} - \bar{T})$ として表せます。データ全体の変動から，群間の変動と個人差を除い
た残りが残差です。被験者間では残差には個人差とそれ以外の変動が混在しており
区別できませんでしたが，被験者内では両者の変動を別々に計算できます。

　ここで残差を $SS_{PE}$，自由度で割った平均平方を $MS_{PE}$，各水準のサンプルサイ
ズを $n_i$，要因内の水準数を $a$ とするとき，要因の主効果の $F$ 値は次の式になります。

$$F = \frac{MS_A}{MS_{PE}} = \frac{SS_A/df_1}{SS_{PE}/df_2} = \frac{\sum_i n_i(\bar{A}_i - \bar{T})^2/df_1}{\sum_i \sum_j a(x_{ij} - \bar{A}_i - \bar{P}_j + \bar{T})^2/df_2} \tag{8.12}$$

　$MS_{PE}$ の自由度は「$(n_i - 1) \times (a - 1)$」です。被験者間の $F$ 値の計算とは分母が
異なっており，群間平均平方について個人差を除いた残差の平均平方との比を求め
ます。

## 8.9　jamovi を使った1元配置分散分析 (被験者内)

　被験者内の要因については，水準 (群) ごとに列を分けてデータを入力してくださ
い。データの作成を終えたら，メニュー「Analyses」「ANOVA」「Repeated Measures
ANOVA」を選択します。こちらでは被験者内の分散分析や，被験者間と被験者内の両
方の要因を含む分散分析を行えます。被験者内要因を分析に含める場合は，「Repeated
Measures Factors (反復測定要因)」に要因名と各水準の名称を先に入力し，「Repeated
Measures Cells (反復測定セル)」に各水準の変数を指定します。被験者間要因を分
析に含める場合は，「Between Subject Factors」にグループ分けに使うカテゴリ (名
義尺度) 変数を指定します。「Covariates (共変量)」に変数を指定して共分散分析を
行うことも可能です。効果量を一緒に出力したい場合は「Effect Size (効果量)」か
ら，「Generalized $\eta^2$」「$\eta^2$」「partial $\eta^2$」のうち表示したい統計量にチェックを入れ
てください。

## Model (モデル)

分析のモデル (主効果や交互作用) を，Model(モデル) オプションから指定します。操作の仕方は ANOVA の Model オプションと同じです。ただし Repeated Measures ANOVA では，変数を指定するためのボックスが「Repeated Measures Components (反復測定コンポーネント)」と「Between Subjects Components (被験者間コンポーネント)」の 2 つ用意されており，前者は被験者内要因，後者は被験者間要因の変数をモデルに組み込む際に使用します。

## Assumption Checks (前提条件チェック)

分散分析の仮定が満たされているかを調べるために指定します。被験者内分散分析では各水準間の差の分散が等しいことをことを仮定しており，これを球面性の仮定と呼びます。これは 3 水準以上の場合に該当します。球面性の仮定が満たされない場合には修正が必要になります。この方法として，グリーンハウス・ガイザー (Greenhouse-Geisser) やヒューン・フェルト (Huynh-Feldt) の推定を使った補正があります

| オプション | 意味 | 説明 |
|---|---|---|
| Sphericity tests | 球面性の検定 | 有意だと球面性を仮定できない。 |
| Sphericity Corrections (球面性の補正) | | |
| None | なし | 球面性を補正しない。 |
| Greenhouse-Geisser | グリーンハウス・ガイザー推定 | グリーンハウス・ガイザー推定による補正を行う。 |
| Huynh-Feldt | ヒューン・フェルト推定 | ヒューン・フェルト推定による補正を行う。 |
| Equality of variances test (Levene's) | 等分散性の検定 (ルビーン) | 有意だと等分散性を仮定できない。 |

## Post-Hoc Tests(事後検定)

多重比較を行う場合に指定します。

| オプション | 意味 | 説明 |
|---|---|---|
| No correction | 補正なし | $p$ 値を補正しない。 |
| Tukey | テューキー法 | テューキー法による補正を行う。 |
| Scheffe | シェフェ法 | シェフェ法による補正を行う。 |
| Bonferroni | ボンフェローニ法 | ボンフェローニ法による補正を行う。 |
| Holm | ホルム法 | ホルム法による補正を行う。 |

**Estimated Marginal Means (推定周辺平均)**

推定周辺平均値を算出します (6 章のチェック・オプションの説明を参照)。

| オプション | 意味 | 説明 |
|---|---|---|
| Marginal means plots | 周辺平均プロット | 周辺平均の推定値のグラフを作成する。 |
| Marginal means tables | 周辺平均表 | 周辺平均の推定値の表を作成する。 |
| Equal cell weights | セル均等重み付け | 各セルで均等に重み付けするか (チェック), セルの度数に従って重み付けする (非チェック)。 |
| Confidence interval | 信頼区間 | 推定周辺平均の信頼区間の幅を調整する。 |
| Error bars | エラーバー | 周辺平均プロットに表示するエラーバーを, 「None (なし)」 「Confidence interval (信頼区間)」 「Standard error (標準誤差)」 の中から選択。 |
| Observed scores | 観測値 | 周辺平均プロットに観測値を表示する。 |

**Options (オプション)**

被験者間要因を指定した際に「Group summary (グループの要約)」にチェックを入れると, グループごとの人数および分析から除外された人数を出力します。

# 参考文献

[1] Dobson, A. J., & Barnett, A. G. (2018). *An Introduction to Generalized Linear Models.* CRC Press. (ドブソン, A. J. ・バーネット, A. G. 田中 豊・森川 敏彦・山中 竹春・富田 誠 (訳) (2008). 一般化線形モデル入門 (原著第 2 版)　共立出版)

[2] 岩原 信九郎 (1957). 教育と心理のための推計学　新日本印刷株式会社

[3] 南風原 朝和 (2014). 続・心理統計学の基礎—統合的理解を広げ深める　有斐閣

[4] 森 敏昭・吉田 寿夫 (2000). 心理学のためのデータ解析テクニカルブック　北大路書房

[5] 山内 光哉 (2009). 心理・教育のための統計法 (第 3 版)　サイエンス社

# 多変量分散分析

多変量分散分析は MANOVA(Multivariate ANalysis Of VAriance) とも呼ばれ，分散分析 (ANOVA) の多変量版と見なせます。ANOVA は独立変数は複数設定できますが，従属変数[10]は常に 1 つだけです。例えば，要因として性別や既婚・未婚，大卒か否か… と複数の変数を入れて $n$ 元配置分散分析ができます。しかし，対象となる従属変数は血圧のように 1 つしか設定できません。

心理学のように目に見えない構成概念を扱う分野では，従属変数を 1 つだけで測定することは希です。重さを量るというのであれば体重 1 項目だけでよいかもしれませんが，例えば，知能を考えてみてください。1 項目だけで知能を測れるでしょうか。それは無理です。必然的に，複数の項目で知能という概念を網羅的に測定しようとするでしょう。他のことでも同様です。性格，健康度，幸せ度，ストレス度…，いずれをとっても 1 項目で測定はできません。

表 9.1: ANOVA と MANOVA の違い

|  | 分散分析 | 多変量分散分析 |
|---|---|---|
| 独立変数 (要因) | 1つ〜複数 | 1つ〜複数 |
| 従属変数 | 1つ | 複数 |

表 9.1 に両者の違いを示しています。ここで，2 つの反論があるかもしれません。1 つは分散分析では複数の従属変数を扱えないといっても，個々の従属変数ごとに分散分析を繰り返せばよいのではないかという立場です。これは問題で，同じ被検者データで検定を繰り返せば，$\alpha$ の水準は守られなくなります。簡単に言えば，偶然に有意な差が出やすくなると言うことです。もちろん，たくさん検定をして有意な結果のみを報告するのは許されないことです。また，ある変数には有意な結果，ある変数には有意ではない結果が得られたときにはどう解釈すればよいのでしょう。全体として有意差があるのかどうかを MANOVA は答えてくれます。

もう 1 つの立場は変数を合計したり，平均した得点を 1 つ作れば分散分析ですむのではないかという考えです。また，実際にそのような分析をしている人も多くい

---

[10]線形モデルの文脈では従属変数は応答変数，独立変数は説明変数と呼ばれます。

るかもしれません。しかし，それは良い分析ではないのです。例えば，得点を合計してしまうと変数間の相関情報はすべて失われてしまいます。検定力が低くなると言うことです。MANOVA では変数間の相関情報も考慮した検定が行えます。

なお，jamovi では多変量分散分析 (MANOVA) というメニューはなく，多変量共分散分析 (MANCOVA) という中に MANOVA も含まれています。MANCOVA では MANOVA に共変量を加えることができる手法になりますが，ここでは MANOVA についてのみ解説します。もし，共分散分析 (ANCOVA) を知っている人なら，ANOVA に対する ANCOVA ということで MANOVA に対して MANCOVA が対応していることを理解できるでしょう。

## 9.1　多変量分散分析の考え方

まず，従属変数が 1 つの場合のデータを考えてみます。例えば英語の得点を考えると 0 点の人から 100 点の人まで分布するかもしれません。これは 1 次元の尺度で，直線上に並びます。もう 1 つ変数，国語を加えてみましょう。今度は英語と国語の両方を同時に描くので，平面，つまり 2 次元上にデータが載ることになります。これは散布図で表示できます。さらに数学を加えれば，平面では足りずに 3 次元空間になります。空間上にデータがかたまりで浮かんでいると想像してください。もっと変数が加われば，4 次元空間，5 次元空間，… と想像できない $n$ 次元空間まで拡張されることになります。

ここでは最も簡単で理解しやすい 2 次元平面で考えてみましょう。つまり，英語と国語だけです。両者に相関があれば，データのかたまりの形は右上がりとか右下がりで伸びた形の散布図になっているでしょう。例えば，いびつなボールのような形になっているかもしれません。

これは独立変数がまだない従属変数のデータの集合です。独立変数は性別だと仮定しましょう。すると男性と女性にデータが分かれることになります。平面に描かれたデータのかたまりが図 9.1 のように黒と白に色分けされたと想像してみてください。

MANOVA が行うことは，なるべく黒と白が分かれるようにデータを分割することです。図 9.1 では「第一」とした右上がりの直線が最も分割できそうです。「第一」の分割の次に分割できそうな線を考えていきます。実際には，この図ではそう見えませ

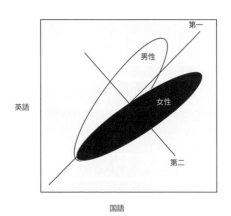

図 9.1: 平面上のデータ

んが，仮に「第二」とした直線が 2 番目に男女を分ける線と想像してみてください。実際にはこの分割は固有値と呼ばれるもので示されます。ここでは 2 つだけの変数なので固有値も 2 個しか出てきません。あとで MANOVA の統計量を考えるときに，この固有値が出てきます。

　ここでやっていることは，2 群をなるべく分けるように分割する直線を考えようとする判別分析と呼ばれるものと同等です。

　MANOVA では従属変数間の相関情報を取り込むと言いました。図 9.1 で考えてみましょう。国語だけを考えてみてください。国語の得点は 1 次元ですので，図 9.1 では水平のいわゆる $x$ 軸上だけを考えることになります。男女は区別できそうでしょうか。重なる部分が多くで区別は無理でしょう。今度は英語を考えると，やはり 1 次元ですが，垂直の $y$ 軸上だけを見ることになります。ここでも性別は区別できそうにありません。しかし，図 9.1 を見れば明らかに男性と女性は区別できそうです。これが，変数間の相関情報を取り込んだ効果なのです。個々の変数からだけでは見いだせなかった差を検出できたということになります。

## 9.2　多変量分散分析の数学的基礎

　従属変数が複数あり，それらを同時に扱うためには行列を考える必要があります。例えば，英語と国語なら行列では次のように表示できます。

$$\begin{pmatrix} 250 & 420 \\ 420 & 340 \end{pmatrix}$$

これは 2 行 2 列の行列で，1 行 1 列目の 250 は国語の全体平方和 ($SS_T$)，2 行 2 列目の 340 は英語の全体平方和 ($SS_T$) を表しています。これは分散分析の全体平方和と同じものです。1 行 2 列目の 420 と 2 行 1 列目の 420 は同じ値ですが，平方和積和と呼ばれるものです。5 章の相関係数の式 (5.2) を思い出してみましょう。分子に $\sum(x_i - \bar{x})(y_i - \bar{y})$ のような要素がありました。実は相関のエッセンスはこの部分で，これが平方和積和です。行列として扱うことで，平方和と平方和積和 (=相関情報) を含めた値を扱うことができるということです。

　分散分析で全体平方和が処理効果と誤差に分解できたように，行列であっても全体平方和積和行列を処理平方和積和と誤差平方和積和に分解することができます。

$$\begin{array}{c} \\ \text{国語} \\ \text{英語} \end{array} \begin{array}{cc} \text{国語} & \text{英語} \end{array} \\ \begin{pmatrix} 250 & 420 \\ 420 & 340 \end{pmatrix} = \begin{array}{c} \text{国語} \\ \text{英語} \end{array} \begin{pmatrix} 150 & 220 \\ 220 & 140 \end{pmatrix} + \begin{array}{c} \text{国語} \\ \text{英語} \end{pmatrix} \begin{pmatrix} 100 & 200 \\ 200 & 200 \end{pmatrix}$$

$$SSCP_T(\text{全体}) \quad = \quad SSCP_B(\text{処理効果}) \quad + \quad SSCP_E(\text{誤差})$$

とはいえ，行列は普通の数字のような四則演算ができるわけではないので，分散分析のように $F = $ 処理の平均平方和/誤差の平均平方和 と計算できません。1つの方法は行列式と呼ばれる値を用いることです。行列式は行列を普通の1つの値にすることができます。そこで，分散分析のように誤差に対する処理の比を求めて，その値を利用するのです。検定基準の Wilks' $\Lambda$ は，そうしても求めることができます。

　もう1つの考え方は行列から，固有値 ($\lambda_i$) と呼ばれる値を取り出して，それを利用することです。固有値は変数の数だけ出てきます。国語と英語の2変数なら第一固有値 ($\lambda_1$) と第二固有値 ($\lambda_2$) の2個が出てきます。この値を利用して検定を行います。

## 9.3　多変量分散分析の統計量

　分散分析では検定基準となる統計量は1つだけで，それは $F$ 値でした。多変量分散分析では4つの基準があります。それぞれで検出力が異なります。

- ヴィルクスのラムダ基準 (Wilks's $\Lambda$)

- ローリー・ホテリングのトレース基準 (Lawley-Hotelling Trace)

- ピレーのトレース基準 (Pillai's Trace)

- ロイの最大根基準 (Roy's Greatest Characteristic Root)

　ロイの最大根基準はすべての固有値ではなく，最大固有値 ($\lambda_1$) のみを採用して，2番目以降の固有値は評価しません。統計ソフトウェアによっては固有値自体ではなく，$\lambda_1/(1 + \lambda_1)$ が出力されることもあります。SPSS, Stata, jamovi ではロイの最大根自体である $\lambda_1$ の値が出力されます。これらの基準から，分散分析で馴染みのある $F$ 値を得ることができます。論文などで最も報告されるのはヴィルクスのラムダ基準 (Wilks's $\Lambda$) です。ロイ以外でそんなに大きな違いが出ることは希です。しかし，基準次第で検定結果が異なるなら，すべてを報告しておく方がよいでしょう。

## 9.4　多変量分散分析の分析法

　メニュー「Analyses」「ANOVA」「MANCOVA」を選択します。図 9.2 は仮想データです。従属変数は国語と英語の2変数で独立変数は性別だけの最も単純な例です。

　分析指定画面で従属変数の国語と英語は「Dependent Variables(従属変数)」に指定し，独立変数の性別は「Factors(要因)」に指定しています。従属変数と独立変数

は複数指定できます。これで多変量分散分析が実行されます。もし，他に影響しそうな量的変数がある場合には「Covariates(共変量)」に指定してください。その場合には多変量共分散分析を行うことになります。

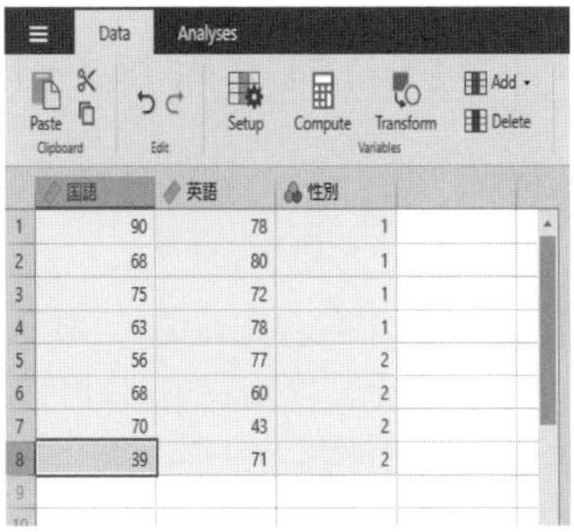

図 9.2: 仮想データ

この例では，性別のようなカテゴリカルな変数以外に英語や国語に影響しそうな量的変数，例えば親の収入が教育に影響しそうだとなれば，共変量として収入を指定して，その効果自体を検討したり，共変量を除いた性別の効果を見たいと思うかもしれません。

「Multivariate Statistics(多変量統計量)」には MANOVA の 4 つの検定統計量がありますので，すべてチェックしておくとよいでしょう。

「Assumption Checks(仮定のチェック)」では MANOVA を行う前提条件を検討することができます。「Box's M test(Box の M 検定)」はグループ間で分散共分散行列が等質かどうかを検定します。分散分析で誤差分散の等質性という

図 9.3: MANOVA の設定

前提条件がありましたが，それに相当するものです。有意でなければ，MANOVAを行う前提条件が満たされていることを意味します。

「Shapiro-Wilk test(シャピロ・ウィルク検定)」は多変量正規分布の前提条件を検討するものです。分散分析では誤差が正規分布に従うという前提条件がありまし

たが，その多変量版です。有意であれば，多変量正規分布から外れていることを意味します。

「Q-Q plot of multivariate normality」（多変量正規分布の Q-Q プロット）にチェックを入れることで多変量正規分布からの逸脱を視覚的に捉えることができます。多変量正規分布に従うなら，直線上にケースはあるはずです。

## 9.5 多変量分散分析の結果の解釈

図 9.4 は検定結果を示しています。「Multivariate Tests(多変量検定)」の下に，4 つの統計検定量 (value)，$F$ 値に変換した値 $(F)$，自由度 1 と自由度 2$(df1, df2)$，$p$ 値が示されます。ここの $p$ 値が.05 未満であれば，全体として有意差があったと判断します。ここでは $p = .0483$ と.05 未満ですので，国語と英語を総合して男女差があることになります。

その下に「Univariate Tests(単変量検定)」というラベルの下に示されているのは，従属変数ごとに分散分析を行った結果です。個々に ANOVA を実行したのと同じです。仮に全体として有意差があったとしても，どこで差が生じたのかはわかりません。従属変数のどれかが大きく影響している可能性もあります。そこで個々の分析結果も示されるのです。これは分散分析で有意差が見られた後に行う多重比較検定に相当すると考えるとよいでしょう。ここでは英語は $p = .112$，国語も $p = .139$ ですので，個々の ANOVA では有意差が見られないということになります。

### MANCOVA

Multivariate Tests

| | | value | F | df1 | df2 | p |
|---|---|---|---|---|---|---|
| 性別 | Pillai's Trace | 0.7024 | 5.9011 | 2 | 5 | 0.0483 |
| | Wilks' Lambda | 0.2976 | 5.9011 | 2 | 5 | 0.0483 |
| | Hotelling's Trace | 2.3605 | 5.9011 | 2 | 5 | 0.0483 |
| | Roy's Largest Root | 2.3605 | 5.9011 | 2 | 5 | 0.0483 |

Univariate Tests

| | Dependent Variable | Sum of Squares | df | Mean Square | F | p |
|---|---|---|---|---|---|---|
| 性別 | 英語 | 406.1250 | 1 | 406.1250 | 3.4576 | 0.112 |
| | 国語 | 496.1250 | 1 | 496.1250 | 2.9105 | 0.139 |
| Residuals | 英語 | 704.7500 | 6 | 117.4583 | | |
| | 国語 | 1022.7500 | 6 | 170.4583 | | |

図 9.4: MANOVA の結果

　このような場合，どう解釈すればよいのでしょうか。結論から言えば，全体として有意差ありと報告してかまいません。個々の ANOVA で有意ではなくても，相関情報を考慮して差を検出できるのが MANOVA の利点です。

　逆のケースもあるかもしれません。MANOVA では有意ではないが，個々の ANOVA では有意な変数があるような場合です。そのような場合は，有意差はなしと判断します。MANOVA では複数の従属変数を扱うことができます。それに対してただの ANOVA の結果は同じデータにたくさんの検定を行った結果の 1 つと同じことです。これは多重比較という問題を引き起こし，検定の前提である $\alpha$ 水準は満たされません。5%水準を設定して，差がないのに差があると間違う危険を 100 回中 5 回に押さえたといっても逆に言えば 100 回検定を行うなら，5 回は間違う危険があるということです。個々の ANOVA で差が見られても，それは偶然の可能性が高いと判断するのです。

　図 9.5 は仮定のチェックの結果です。Box の M 検定 (ボックスの M 検定) の結果は $p = .364$ で.05 未満ではないので，男女で分散共分散行列に有意な差がないことを示しています。したがって，MANOVA を行う前提条件が満たされていることを意味します。一方，Shapiro-Wilk test(シャピロ・ウィルク検定) は $p = .0173$ なので有意差があります。これは多変量正規分布から外れていることを意味しますので，MANOVA の前提条件が満たされていないことを意味します。Q-Q プロットを見ることで，どのケースが直線から外れているかを検討します。多変量正規分布はかなり厳しい条件で，個々の変数が正規分布に従っているとしても全体で多変量正規分布に従わないこともあります。

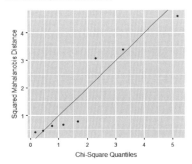

図 9.5: MANOVA の仮定チェック

# 参考文献

[1] Barker, H. R., & Barker, B. M. (1984). *Multivariate Analysis of Variance (MANOVA) -A Practical Guide to Its Use in Scientific Decision Making-*. The University of Alabama Press.

[2] 千野 直仁 (1995). 教育や心理の分野における ANOVA, MANOVA, GMANOVA 適用上の問題点 愛知学院大学文学部紀要, *25*, 71-96.

[3] Field, A. (2000). *Discovering Statistics: using SPSS for Windows*. SAGE Publications.

[4] Grimm, L. G., & Yarnold, P. R. (1994). *Reading and understanding multivariate statistics*. American Psychological Association (APA). (グリム, L.G.・ヤーノルド, P. R.　小杉 考司 (監訳) (2016). 研究論文を読み解くための多変量解析入門 ―重回帰分析からメタ分析まで―　北大路書房)

[5] SPSS INC. (1997). *SPSS 7.5 Statistical Algorithms*.

[6] Stevens, J. P. (2002). *Applied Multivariate Statistics for the Social Sciences* (4th ed.). LEA.

[7] 竹内 啓 (監) 高橋 行雄・大橋 靖雄・芳賀 敏郎 (1989). SAS による実験データの解析　東京大学出版会

# 線形モデル

　分散分析や重回帰分析は異なる分析法として扱われてきました。背景には分散分析がもともと Fisher により実験のために開発されたことから実験の文脈で，一方，重回帰分析は調査の文脈で利用されることが多かったからです。そのため，分散分析では独立変数と従属変数，重回帰分析では説明変数と応答変数のように同じものを異なる呼び方をしているということもあります。しかし，両者は本質的に同じものであり，統一的に扱おうとする流れがあります。線形モデルは本質的には回帰モデルですので，ここからは独立変数と従属変数のかわりに説明変数と応答変数という用語を使っていくことにします。

## 10.1　線形モデルの考え方

　統計学には様々な分析手法がありますが，それらを統一的に扱う考え方が一般線形モデルです。一般線形モデル (General Linear Model) は GLM と表記されることが多いのですが，もう 1 つ一般化線形モデル (Generalized Linear Model) も GLM と略記されることが多いので注意が必要です。区別するために一般線形モデルを古典的 GLM と呼び，一般化線形モデルを単に GLM とすることもありますが，紛らわしいのは確かです。McCullagh and Nelder(1989) では一般化線形モデルを GLMs としていますし，一般化線形モデルを求めるプログラム名 GLIM から GLIM や GLiM と記されることもあります。いずれにせよ，決定的な決まりはまだありません。本書では一般化線形モデルは GZLM と呼ぶことにします。加えて，線形混合モデル (Mixed model) や，それをさらに拡張した一般化線形混合モデル (GLMM : Generalized Linear Mixed Model) も出てきています。一言でいえば，一般化線形モデル (GZLM) は一般線形モデル (GLM) の拡張版です。では，一般線形モデル (GLM) はと言えば，線形モデル (LM : Linear Model) の拡張版になります。表 10.1 はそれらをまとめたものです。

　jamovi では表 10.1 のすべてを分析することができます。加えて，変量効果と固定効果を同時に扱う混合モデル (Mixed model) や一般線形混合モデル (GLMM) も分析できます。ただし，インストールしただけでは線形モデルしか扱えません。モジュールとして「gamlj」をインストールしてください。インストールできればメ

表 10.1: 線形モデルの種類

| 名称 | 線形モデル | 一般線形モデル | 一般化線形モデル |
|------|-----------|---------------|------------------|
| 略称 | LM | GLM | GZLM, GLMs,GLiM, GLIM, GLM |
| 分析法 | 回帰分析 | 回帰分析<br>分散分析<br>共分散分析 | 回帰分析<br>分散分析<br>共分散分析<br>ロジスティック回帰<br>プロビット回帰<br>対数線形モデル<br>生存分析 |
| 前提 | 正規分布 | 正規分布 | 指数分布族 |

ニューにアイコンとともに「Linear Models(線形モデル)」が表示されるはずです。

## 10.2  線形モデル (LM)

　ここで，一番基本となる線形モデルについて考えてみましょう。線形モデルという言葉は包括的な用語なのですが，ここではいわゆる回帰モデルのこととします。回帰分析ということで jamovi では分析メニューの「Regression」で実行できます。一番単純な回帰分析は単回帰分析と呼ばれるもので応答変数が1つで説明変数が1つだけのモデルです。これは中学・高校で習った一次関数，つまり直線の式です。習った式は傾きが $a$，$y$ 軸との切片が $b$ として，$y = ax + b$ となっていたかもしれません。

　統計学で，このような式で表現されていたのは回帰分析でした。応答変数 $y$ を説明変数 $x$ で予測，あるいは説明しようとします。説明しきれない部分は残差 $e$ です。$y$ 軸での切片も $\beta_0$ として加えれば次の式になります。

$$y_1 = \beta_0 + \beta x_1 + e_1$$

　この式は $e_1$ を除けば $y = ax + b$ と何ら変わりません。直線の式としてグラフを書くこともできるでしょう。1ケースだけの場合なので，$\beta$ も $x$ も1つだけの値として決まります。しかし，データは1ケースだけではないので，添え字で複数のケースを表現します。すると次式になります。

$$y_i = \beta_0 + \beta x_i + e_i$$

これを行列・ベクトルで表記してみます。

$$\begin{pmatrix} y_1 \\ y_2 \\ \vdots \\ y_n \end{pmatrix} = \begin{pmatrix} 1 & x_1 \\ 1 & x_2 \\ 1 & x_3 \\ \vdots & \vdots \\ 1 & x_n \end{pmatrix} \begin{pmatrix} \beta_0 \\ \beta_1 \end{pmatrix} + \begin{pmatrix} e_1 \\ e_2 \\ \vdots \\ e_n \end{pmatrix}$$

やはり $y = ax + b$ という直線の式と似ています。ただ, 行列・ベクトルで表現されているだけです。これは単回帰分析と呼ばれます。応答変数 $y$ は1つだけで説明変数 $x$ も1つだけです。展開せずに, 行列・ベクトルのままで表現すれば次のようになります。

$$Y = X\beta + e \tag{10.1}$$

これをもう少し拡張して, 説明変数を2つにしてみましょう。

$$y_i = \beta_0 + \beta_1 x_{i1} + \beta_2 x_{i2} + e_i$$

$$\begin{pmatrix} y_1 \\ y_2 \\ \vdots \\ y_n \end{pmatrix} = \begin{pmatrix} 1 & x_{11} & x_{12} \\ 1 & x_{21} & x_{22} \\ \vdots & & \\ 1 & x_{n1} & x_{n2} \end{pmatrix} \begin{pmatrix} \beta_0 \\ \beta_1 \\ \beta_2 \end{pmatrix} + \begin{pmatrix} e_1 \\ e_2 \\ \vdots \\ e_n \end{pmatrix} \tag{10.2}$$

説明変数を2つ以上に拡張した場合を重回帰分析と呼びます。ここで注目してほしいのは単回帰も重回帰も行列・ベクトルで表現すれば同じということです。

$$Y = X\beta + e \tag{10.3}$$

ここには残差の項がありますので, 残差で±調整すれば, この式で観測データはすべて説明できてしまいます。それでは意味がありません。ということで, モデルは残差項がない式です[11]。

$$\hat{Y} = X\beta \tag{10.4}$$

今度の式は $Y$ ではなく, $\hat{Y}$ となります。^はハットと呼び, 予測値とかモデルの値を意味するときに付けます。データを完全に予測できるモデルはないので (残差がある), 予測値は^がつきます。

さて, この線形モデルで求めたいのは $\beta$ です。高校までで習った $y = ax + b$ の式で $\beta$ に対応するところは $a$, つまり傾きです。傾きが大きいということは, 直線が

---

[11]式 (10.3) と式 (10.4) では $\beta$ も異なるので, $\hat{\beta}$ とすべきですが, 簡略化して以降 $\beta$ とします。

急なのですから，$x$ が変化するとすぐに $y$ が大きくなる (もしくは小さくなる) ということです。逆に傾きが小さいということは水平線に近づくということですから，$x$ が変化しても $y$ はあまり変化しない，つまり $x$ が $y$ にあまり影響しないということです。考え方は同じで，$\beta$ の値が大きいなら $Y$ に $X$ は大きな影響があると判断できるということです。こうして，回帰分析では $\beta$ を求めて，それが十分に大きく，0 ではないと言えるのかを検定したり，残差が大きすぎてモデルでは観測データを十分説明できていないのではないかを検討したり，モデルを不適合にしている外れ値がないかを検討したりするのです。

## 10.3    一般線形モデル (GLM)

ただの線形モデル，ここでは回帰モデルですが，これを分散分析にまで拡張してみましょう。それが一般線形モデル GLM になります。

回帰分析では扱う変数がすべて量的な変数でした。しかし，分散分析では要因というカテゴリカルな変数が出てきます。仮に 1 要因 2 水準の 1 元配置分散分析を考えてみましょう。

表 10.2: データ例

| No | 説明変数 (グループ) | 応答変数 |
|----|----|----|
| 1 | 1 | 18 |
| 2 | 1 | 30 |
| 3 | 1 | 42 |
| 4 | 1 | 54 |
| 5 | 2 | 48 |
| 6 | 2 | 60 |
| 7 | 2 | 72 |
| 8 | 2 | 84 |

分散分析の結果は次のようになります。このデータを線形モデル表現すると，説明変数は量的な変数ではなく，カテゴリカルな変数なのでそれぞれのグループごと

表 10.3:

| 変動因 | 平方和 | 自由度 | 平均平方 | $F$値 | 確率 |
|---|---|---|---|---|---|
| 群間効果 | 1,800 | 1 | 1,800 | 7.5 | .034 |
| 群内効果 | 1,440 | 6 | 240 | | |
| 全体 | 3,240 | 7 | | | |

に変数と見なす形になります。

$$
\begin{pmatrix} 18 \\ 30 \\ 42 \\ 54 \\ 48 \\ 60 \\ 72 \\ 84 \end{pmatrix} = \begin{pmatrix} 1 & 1 & 0 \\ 1 & 1 & 0 \\ 1 & 1 & 0 \\ 1 & 1 & 0 \\ 1 & 0 & 1 \\ 1 & 0 & 1 \\ 1 & 0 & 1 \\ 1 & 0 & 1 \end{pmatrix} \begin{pmatrix} \beta_0 \\ \beta_1 \\ \beta_2 \end{pmatrix} + \begin{pmatrix} e_1 \\ e_2 \\ e_3 \\ e_4 \\ e_5 \\ e_6 \\ e_7 \\ e_8 \end{pmatrix}
\tag{10.5}
$$

これは次のように見なせるので，式 (10.3) とまったく同じです。結局，分散分析も線形モデルとして表現できることになります。

$$
Y = X\beta + e
\tag{10.6}
$$

一見，ここでも残差の $e$ を除いた式で重回帰分析のように $\beta$ を求めればよいように思えます。しかし，実際にはそれほど簡単ではありません。このままで解こうとしても解が得られないのです。行列では逆行列を求める計算の必要が出てきますが，それができないのです。理由はデザイン行列と呼ばれる $X$ の情報が冗長なためです。2つの未知数 $x$，$y$ があり，2つの式，例えば $y = x + 1$ と $y = -x + 1$ があれば $y = 1$，$x = 0$ と連立方程式は解けます。しかし，2つの式が $y = x + 1$ と $2y = 2x + 2$ ではどうでしょう。式が2つあっても後者は前者を2倍しただけで実質の情報は同じものです。だから $x$ と $y$ が求まりません。$X$ も同様です。1列目の要素から2列目の要素を引くと3列目になります。言い換えると1列目と2列目だけで3列目の情報が得られるということです。この問題を解決する方法の1つは，冗長さをなくすようにどこかの列を消してしまうということです。そのうえで計算を工夫し，一般化逆行列と呼ばれる逆行列を用いて解を求めます。計算の詳細は他書に譲りますが，問題は結果の見方です。

SPSS などでパラメータ推定値を求めると「このパラメータは，冗長なため0に設定されます」と出力される意味は，その水準，つまり列が先に述べた理由で消されたと

いう意味です。また，jamovi の出力で「R-squared(R2 乗)」や「Adj. R-squared(調整済み R2 乗)」という統計量も出力されます。これは分散分析では出てこない統計量です。しかし，分散分析を回帰という枠組みで捉えることができれば，回帰の重相関係数 $R$ の 2 乗値や自由度調整済み $R$ の 2 乗値と同じものが出力されることに何の違和感もないでしょう。この $R$ の 2 乗は，得られたデータとモデルで予測された値の相関係数を 2 乗したものです。100 倍すれば，モデルがデータを説明する%として解釈できます。調整済みの値は単なる $R$ の 2 乗値では変数の数に影響されるので，自由度を調整することでその影響を除いたものになります。GLM でも分散分析と対応する分散分析表が出力されますので，同じように解釈することができます。

## 10.4    一般化線形モデル (GZLM)

GLM で回帰モデルに分散分析を統合できました。しかし，回帰でも分散分析でも前提として仮定があります。分散分析の仮定には誤差分散が正規分布に従い，等質であるということがあります。しかし，この前提が満たされていない場合もあるでしょう。また，回帰モデルといってもロジスティック回帰分析などのようにカテゴリカルな応答変数を予測する場合もあります。そのような場合には，変数を対数に変換する必要がありました。また，度数を扱い，クロス表を分析する対数線形モデルもあります。正規分布だけではなく，指数分布族に拡張することで，これらの分析も統一的に線形モデルで表そうとするのが一般化線形モデル (GZLM) です。実は正規分布も指数分布族の一種です。ですから，GZLM には GLM も LM も含まれると言えます。指数分布族には正規分布の他にポアソン分布，2 項分布，ガンマ分布，ベルヌーイ分布，負の 2 項分布，逆ガウス (逆正規) 分布，Tweedie 分布などがあります。GZLM で利用できるためにはいくつか前提がありますが，それほど重要ではないのでここでは述べません。それらの前提や個々の分布がどのようなものかについては他書を参照してください。

では，GZLM の基本的なアイデアは何でしょうか。線形モデルの基本は常に式 (10.7) でした。

$$Y = X\beta + e \tag{10.7}$$

つまり，左辺の応答変数を右辺の説明変数の式で予測するということです。実際に求めるのは誤差項 $e$ を除いた $X\beta$，つまり $\hat{Y}$ です。

一般化線形モデルは次の式で表すことができます。

$$\eta = X\beta \tag{10.8}$$

$$\eta = f(E(Y)) \tag{10.9}$$

この式は，ただ，応答変数にあたる $Y$ が，$\eta$ に置き換えられているだけで，これまで見てきた $\hat{Y} = X\beta$ とほぼ同じに見えます。ここで右辺の $X\beta$ を線形予測子と呼びます。

　次の式で $f(E(Y))$ で，$Y$ が登場しますが，$E(Y)$ とあるのは $Y$ の期待値であることを意味しています。さらに $f(\ )$ で示されているので，これはある関数によって変換されていることを意味しています。この関数のことを Link Function(連結関数あるいはリンク関数) と呼びます。一般化線形モデルでは，このリンク関数を様々に選択することで，統一的にモデルが表現できるというものです。

　では，このリンク関数による変換が何も変換しないという場合を考えてみます。このようなリンク関数は Identity(恒等関数，あるいは同一関数) と呼ばれます。左右の式を同じものとして，そのまま連結するということです。もし，リンク関数が Identity なら，式 (10.8) は $E(Y) = X\beta$ ですから，誤差の等分散や正規分布を仮定すれば従来の回帰モデルそのものです。しかし，扱う変数が連続量ではなく，回数や個数のような度数の場合は負の値はとらないという制約がでたり，誤差の等分散や正規性は満たされなくなります。度数なら誤差は Poisson(ポアソン分布) に従うと仮定して，Log(対数関数) をリンク関数にする方が適切かもしれませんし，比率なら誤差は Binomial(2 項分布) としてリンク関数に Logit(ロジット関数) を使うかもしれません。このとき，一般化線形モデルでは $y_i$ 自体を対数化するのではなく，$y_i$ の期待値 $\hat{y}_i$ を対数化します。数式で表すとデータを対数変換すると $E[\log y_i]$ ですが，リンク関数を使うと $\log E[y_i]$ となります。ここで，データ $Y$ を対数変換して $\log y_i$ として，右辺の線形式 $X\beta$ とつなげるのはロジスティック回帰分析などの考え方になります。これはこれで，いずれが良いということではなく，別なモデルということになります。もちろん，データをより説明できる方が良いということです。

　対数関数を用いたなら，モデルは次のようになります。

$$\eta = X\beta \tag{10.10}$$

$$\eta = \log(E(Y)) \tag{10.11}$$

　ここで $Y$ を導き出そうとすると，対数の逆関数である指数関数になります。他のリンク関数でも，そのリンク関数の逆関数が $Y$ になります。こうして，分布とリンク関数を指定することで統一的に各種のモデルを回帰の線形式で表現できるようにして，GLM の正規分布や等分散性の制約を解消し，2 値データなど指数分布までモデルを一般化 (generalized) したのが GZLM です。実際の計算には最尤法が利用されます。

　GLM までは正規分布の仮定で話が進むのでモデルとデータの適合度も残差を検定するにも $t$ 検定や $F$ 検定のような統計手法が使えました。しかし，度数や比率といった指数分布族まで広げた GZLM では，そのような統計量をすべてに利用で

きません。代わりに $\chi^2$ 分布を利用した Log likelihood ratio tests(尤度比検定) や Deviance(逸脱度)，モデルを比較する AIC などの統計量が利用されます。

　GZLM で $t$ 検定から分散分析，GLM まで扱えるなら，なぜ $t$ 検定や分散分析を学ぶ必要があるのだろうかという疑問が湧きます。これに対しては分析するうえでは GZLM だけで十分というのが本当の答えと言えるでしょう。GZLM を学んでおけば，これまで別々のように学んできた分析法を統一的に扱えますし，いろいろな分布を用いることも，厳しい前提の制約を緩めて分析ができます。ただ，$t$ 検定などは教育上，説明しやすい便利なところがあります。また，ソフトウェアによっては伝統的な分析の方が出力が多彩な場合もあるかもしれません。大きな問題は GZLM を学ぶとなれば行列の知識なども必須になりますので，統計の初学者にはいくぶん敷居が高いということかもしれません。これは高校で行列が全員に教えられなくなったという指導要領の問題もあります。大学での学習における必要性が認識され，指導内容の見直しが行われれば将来的には解消される問題かもしれません。このように，学習のプロセスに $t$ 検定や GLM を組み込むことは意味があるでしょうが，そのウェイトは徐々に小さいものになるでしょう。何よりも，今まで伝統的な分析手法を使うときにはモデルという考え方が希薄でした。例えば，分散分析には平均 $\mu$，処理効果 $\alpha$ として次のようなモデルが背後にあります。

$$y_{ij} = \mu + \alpha_i + e_{ij} \tag{10.12}$$
$$\text{制約条件} \quad \sum \alpha_i = 0 \tag{10.13}$$
$$\text{誤差の分布} \quad e_{ij} \sim N(0, \sigma^2) \tag{10.14}$$

　しかし，分析法の背後にあるモデルは意識せずに，何々の比較をするなら何々検定，あるいは何々分析だというお仕着せの分析をしていたのです。そこにはデータ・ファーストで，より適切なモデルを考えるという発想はありませんでした。GZLM は，より適切なモデルを選択する自由を与えてくれると同時に，検定の前によりデータを子細に検討するという基本に立ち返る重要性を再認識させてくれます。GZLM が何々分析という手法の名前ではなく，モデルであるということは重要です。従来の分析法と視点が変わっていることは意識しておきましょう。

## 10.5　線形混合モデル (Mixed model) と一般化線形混合モデル (GLMM)

　線形混合モデル (Mixed model) は GLM を拡張したモデルです。混合という言葉が入っていることからわかるように，Mixed model では2つのものを混合して扱えます。それは固定効果と変量効果です。GLM では固定効果のみでモデルを構築していました。GLMM では，それに変量効果を加えることができるのです。固定効果で

は変数の効果は未知ですが固定された値と見なしています。しかし，固定効果以外の要因の効果を考えないと分散がうまく説明できない不都合が生じることもあります。もしかすると，被験者はデータが得られた場所や時間で同じ影響を受けているかもしれません。アンケートをいくつかの授業でとったときに，授業ごとで参加している学生は似ている特徴があるかもしれません。例えば，文学を受講している学生と数学を受講している学生を同じとしてまとめてよいのでしょうか。あるいは 1 コマ目の授業を受けている学生と 5 コマ目を受けている学生は何らかの違い (朝が弱いとか，夜更かし傾向がある，バイトをしているなどなど) があるかもしれません。それらはクラスターと見なした方が良さそうです。そうなると場所や時間，個人差など他にも様々な変数が応答変数に影響している可能性が考えられます。これらを無視して GLM や GZLM を行うと，考慮しなくてはいけない分散を無視して，観測値がお互い独立という前提で分析を行ってしまうことになります。このような時に変量効果を組み込みます。変量効果では変数の水準は固定されたものではなく，確率変数と見なします。変量効果は固定効果と違い，効果の大きさは 0 と仮定されます。つまり，固定効果に直接に影響するのではなく，分散に影響します。変量効果は影響を見たい変数自体というよりも分散の影響を考慮するための変数とも考えられます。固定効果の平均値と言っても，分散次第でその平均値の意味や解釈は違ってくるかもしれません。また，変量効果にあたるものが関心の対象だという場合もあるかもしれません。何を固定効果にして，何を変量効果とするかの判断は分析者が行わなくてはなりません。詳しくは Crawley(2008) が指針を挙げているので参考にしてください (p. 193)。また，GLM を GZLM に拡張したように Mixed model を拡張した一般化線形混合モデル (GLMM) も jamovi で分析することができます。

## 10.6　分析法

### 10.6.1　GZLM による伝統的分析法 (正規分布)

　GZLM は包括的なモデルなので，分析の指定も多岐にわたります。ただ，指定の仕方は似ており，直感的にできるものが多いので代表的なものを紹介します。まず，GZLM が $t$ 検定，分散分析，GLM を包括するモデルであることを示すために，それらの分析法の指定の仕方を示しましょう。

　表 10.4 には例示のために 5 つの変数を挙げています。2 つはカテゴリカルな要因変数で，3 つは連続量です。応答変数 (従属変数) は成績としましょう。AMPM 変数は，成績を調べた試験が午前に行われた群と午後に行われた群とします。$t$ 検定は 2 群の比較になります。ここでは教授法が成績に影響するかを見たいとします。1 元配置の分散分析でも同様に教授法が成績に影響するかを見たいとします。多元配置の分散分析では教授法と午前午後という 2 変数の要因が成績に影響するかを見たい

表 10.4: データ例 (架空)

| No | 教授法 (Teaching) | 成績 (TestScore) | 基礎学力 (Base) | スマホ依存 (Cell) | AMPM |
|---|---|---|---|---|---|
| 1 | 1 | 18 | 55 | 90 | 1 |
| 2 | 1 | 30 | 71 | 87 | 1 |
| 3 | 1 | 42 | 76 | 76 | 2 |
| 4 | 1 | 54 | 85 | 85 | 2 |
| 5 | 2 | 58 | 60 | 86 | 1 |
| 6 | 2 | 60 | 91 | 55 | 1 |
| 7 | 2 | 72 | 88 | 61 | 2 |
| 8 | 2 | 84 | 94 | 64 | 2 |

　とします。共分散分析では教授法と午前午後という 2 変数の要因が成績に影響する
だけではなく，量的な変数の基本学力も共変量として成績に影響すると見なすとし
ます。共変量とは，例えば，成績には教授法だけではなく知能や親の年収など別な
連続量の変数が効いているのではないかと思うような場合，指定する量的変数です。
jamovi では分散分析の ANOVA に対しては共分散分析の ANCOVA のように共変
量を含める分析が用意されています。多変量分散分析である MANOVA も共変量が
扱える多変量共分散分析 (MANCOVA) で行えますし，GLM や GZLM では常に共
変量が「Covariates」として指定できます。単回帰の分析では成績に基礎学力が影
響しているかが問題としましょう。重回帰の分析では成績に基礎学力とスマホ依存
の得点という複数の量的変数の影響を見るとします。

　これらの個々の分析を GZLM で分析するには表 10.5 のように指定します。

　ここで重要なのは「Linear(線形)」にチェックを入れることです。これは「Custom
Model」の「Custom」にチェックを入れて，「Distribution(分布)」を「Gaussian(正
規分布)」,「Link Function(リンク関数)」を「Identity(恒等関数)」とするのと同じ
ことです。リンク関数を恒等関数とするということは応答変数の $y$ と線形予測子を
変換なしにそのまま連結すると言うことです。言い換えると，$\hat{Y} = X\beta$ というよく
見る線形モデルを採用しているということです。

　主効果と交互作用項の複雑な組み合わせを指定するにはオプションの「Model」の
タブで複数の変数を範囲指定して「Model Terms」に指定します。指定する前に上
下三角ボタンで変数に乗数を指定することもできます。「Factor Coding」では各種
の対比 (contrast) が指定できます。「Post Hoc Tests」で事後検定の指定をします。

　jamovi では個々に従来の分析もできますので，GZLM と出力を比較することも

表 10.5: 一般化線形モデル (GZLM) による各分析法の指定の仕方

| 分析法 | Dependent Variable (応答変数) | Factors (要因) | Covariates (共変量) |
|---|---|---|---|
| 独立サンプルの t 検定 | 成績 | 教授法 | |
| 1 元配置分散分析 (One-Way) | 成績 | 教授法 | |
| 多元配置分散分析 (ANOVA) | 成績 | 教授法，午前午後 | |
| 共分散分析 (ANCOVA) | 成績 | 教授法，[午前午後] | 基本学力 |
| 単回帰分析 (Regression) | 成績 | | 基本学力 |
| 重回帰分析 (Regression) | 成績 | | 基本学力，スマホ依存 |
| 一般線形モデル (GLM) | 成績 | 教授法，[午前午後] | [基本学力，スマホ依存] |

(ここで [ ] は選択可能であることを意味します。なお，jamovi では「Continuous dependent variable(応答変数)」で「Linear(線形)」にチェックを入れて線形モデルであることを示します。)

できます。その際，変数の効果はほぼ同じなのに Intercept(切片) が大きく違うと思われることがあるかもしれません。通常，切片は関心の対象ではないので問題はないのですが，違いが出る理由は「Covariates Scaling」(共変量の尺度) にあることがあります。現在のところ，GZLM のデフォルトでは「centered」(共変量を中心化) をします。これは平均値を引くという変換をして分析するということです。これを none(変換しない) に指定することで一致した値を得ることができます。

Linear(線形) にチェックを入れると正規分布が仮定された従来の分析法になりますが，それしかできないというわけではありません。従来なら分散分析で分析していたデータでも誤差が正規分布していないとか，リンク関数を恒等関数ではないものを選択したいとか自由にモデルを検討できるのが GZLM の利点です。その場合には「Custom Model」の「Custom」にチェックを入れて，「Distribution(分布)」を「Gaussian(正規分布)」以外のものを選択できますし，「Link Function(リンク関数)」も様々なものが用意されています。

### 10.6.2    GZLM による伝統的分析法 (指数分布族)

正規分布が仮定できない場合としては応答変数が量的ではなく，度数の場合や比率や割合というやカテゴリカルな場合があります。例えば，応答変数が 0 か 1 の 2 値し

かとらない場合は正規分布や誤差の等分散は仮定できません。jamovi では Linear(線形) も含めて表 10.6 の分析が指定できます。指定のところにチェックを入れれば，自動的に表 10.6 の誤差分布とリンク関数が指定されたことになります。 これらデフォ

表 10.6: デフォルトの分析の種類

| 応答変数 | 指定 | 分布 | リンク関数 |
|---|---|---|---|
| 量的 | Linear | 正規分布 | Identity(恒等関数) |
| カテゴリカル<br>(比率・割合) | Logistic<br>(ロジスティック)<br>Probit<br>(プロビット)<br>Multinomial<br>(多項) | 2 項分布<br><br>多項分布 | Logit(ロジット) |
| 度数 | Poisson<br>(ポアソン)<br>Poisson<br>(overdispersion)<br>(ポアソン過分散)<br>Negative Binomial<br>(負の 2 項) | ポアソン分布 | Log(対数) |

表 10.7: Custom Model の Distribution(分布) で指定できる分布

| Distribution<br>の指定 | Gaussian | Binomial | Poisson | Inverse<br>Gaussian | Gamma |
|---|---|---|---|---|---|
| 分布 | 正規 | 2 項 | ポアソン | 逆ガウス<br>(逆正規<br>Wald) | ガンマ |
| パラメータ | $N(\mu,\sigma^2)$ | $B(\mu,\pi)/m$ | $P(\mu)$ | $IG(\mu,\lambda)$ | $G(\mu,v)$ |
| 範囲 | $-\infty \sim \infty$ | $0,1,\sim,n$ | $0,1,\sim \infty$ | $0 \sim \infty$ | $0 \sim \infty$ |
| 特性 | 左右対称<br>1峰型<br>自然界で<br>よく観察<br>される | 0 か 1 かを<br>反復試行 | ランダムで<br>まれな<br>生起事象<br>など | 左側に<br>1峰で<br>右に長く<br>尾を引く | 原因の蓄積が<br>ある時点で<br>結果に至る<br>ような事象 |

ルト以外のモデルを採用したい場合もあるでしょう。その場合には「Custom Model」で「Custom」にチェックを入れます。表 10.7 のような分布や表 10.8 のリンク関数が使えます。もちろん，すべての組み合わせが使えるわけではなく，不適合な場合にはエラーが出ます。

　図 10.1 は出力の最初の解説部分です。ここでは Dependent(応答変数) に教授

表 10.8: Custom Model の Link Function(リンク関数) で指定できる関数

| Link Function の指定 | Identity | Logit | Log | Inverse | Inverse squared | Squared root |
|---|---|---|---|---|---|---|
| リンク関数 | 恒等 | ロジット | 対数 | 逆数 | 逆数の 2 乗 | 平方根 |
| リンク関数式 | $\mu$ | $\log(\mu/(1-\mu))$ | $\log\mu$ | $1/\mu$ | $1/\mu^2$ | $\sqrt{\mu}$ |

**Generalized Linear Model**

Model Info

| Info | Value | Comment |
|---|---|---|
| Model Type | Logistic | Model for binary y |
| Call | glm | Teaching ~ 1 + TestScore + Base + Cell |
| Link function | Logit | Log of the odd of y=1 over y=0 |
| Direction | P(y=1)/P(y=0) | P( Teaching = 1 ) / P( Teaching = 0 ) |
| Distribution | Binomial | Dichotomous event distribution of y |
| R-squared | 1.000 | Proportion of reduction of error |
| AIC | 8.000 | Less is better |
| Deviance | 2.74e−10 | Less is better |
| Residual DF | 4 | |
| Converged | yes | Whether the estimation found a solution |

図 10.1: GZLM の出力の解説部

法を，Covariates(共変量) に成績と基本学力，スマホ依存を指定して「Logistic」にチェックを入れています。成績と基本学力，スマホ依存の変数から，教授法を予測するという普通はあり得ない設定になりますが，無理矢理こじつければ，学生の成績，その他からどのような教授法で教育を受けてきたのか知りたいような場合になるかもしれません。「Model Type」で応答変数が binary(2 値) の Logistic モデルであることが示されています。「Call glm」は R のコマンドで，その後に「Teaching~1+TestScore+Base+Cell」とありますので教授法 (Teaching) を切片 (1)+成績 (TestScore)+基本学力 (Base)+スマホ依存 (Cell) で説明しようとしているモデルであることを示しています。「Link function」にはリンク関数が「Logit」(ロジット関数) であること，「Distribution」には誤差分布が「Binomial」(2 項分布) であることが示されています。「R-squared」には $R^2$ の値が，「AIC」と「Deviance」(逸脱度) には「Less is better」(小さい値ほど良いモデル) と解釈の仕方も示されます。最後の「Converged」とあるのは計算が収束したかを表しており，ここでは「yes」とあるので収束したことを示しています。収束しなければ「no」になり，結果をそのまま解釈することはできなくなります。

### 10.6.3　Mixed model と GLMM による分析法

　Mixed Model と GLMM が GLM や GZLM と異なる点は変量効果を扱えること
でした。分析画面に変量効果を指定するための「Cluster variable」，オプション・
タブに「Random Effects」が加わります。「Cluster variable」にはクラスターとな
るカテゴリカルな変数を指定し，「Random Effects」で求める変量効果を指定しま
す。jamovi では GLMM は正規分布以外の指数分布族の分析が対象となっており，
「Linear」という選択肢は出てきません。正規分布を仮定した混合モデルは Linear
Mixed を用いることになります。

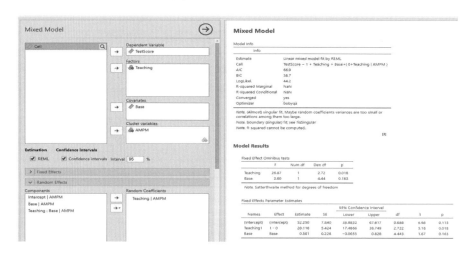

図 10.2: GLMM の指定

　図 10.2 は Mixed Model を指定した例です。応答変数は成績，説明変数は教授法，
共変量は基本学力，変量効果をみるクラスター変数として午前・午後を指定してい
ます。変量効果である午前・午後は「Random Effects」で指定しています。モデル
の考え方としては成績を教授法で予測しようと考えているのですが，教授法を受け
る以前に基本学力に違いがあるので，それを共変量として調整し，さらに午前に授
業を受けた学生と午後に受けた学生には何らかの共通性がありそうなので要因の分
散に影響する変量効果として指定していることになります。

　出力の Note ではモデルの適合が singular(異常) であることが示されています[12]。
jamovi の優れた点は，英語ではあるものの，このように結果の解釈についても出力
されることです。

---

[12]データが架空で小さいのでモデルが不適合なのはある意味当然なのですが。

# 参考文献

[1] Crawley, M. J. (2005). *Statistics: An Introduction using R*. John Wiley & Sons. （クローリー, M. J. 野間口 謙太郎・菊池 泰樹 (訳) (2008). 統計学：R を用いた入門書　共立出版）

[2] Dobson, A. J. (1990). *An Introduction to Generalized Linear Models*. Chapman and Hall. （ドブソン, A. J. 田中 豊・森川 敏彦・栗原 考次 (訳) (1993). 統計モデル入門 —回帰モデルから一般線形モデルまで—　共立出版）

[3] 服部 環 (2011). 心理・教育のための R によるデータ解析　福村出版

[4] 粕谷 英一 (2012). 一般化線形モデル　共立出版

[5] 久保 拓弥 (2012). データ解析のための統計モデリング入門　岩波書店

[6] McCullagh, P., & Nelder, J. A. (1989). *Generalized Linear Models* (2nd ed.). Chapman and Hall.

[7] McCulloch, C. E., Searle, S. R., & Neuhaus, J. M. (2008). *Generalized, Linear, and Mixed Models* (2nd ed.). John Wiley & Sons. （マカロック, C. E. 他 土井 正明他 (訳) (2011). 線形モデルとその拡張 ——一般化線形モデル，混合効果モデル，経時データのためのモデル—　遊文舎）

[8] Rutherford, A. (2001). *Introducing ANOVA and ANCOVA –A GLM Approach–*. SAGE Publications.

[9] Nelder, J. A., & Wedderburn, W. M. (1972). Generalized Linear Models. *Journal of the Royal Statistical Society, 135*(3), 370-384.

# 信頼性係数

　心理学ではアンケートや検査などで心理尺度と呼ばれるものを使います。身長や体重というように1つの尺度で客観的に決まる物理量に対して，心理学で扱う対象は知能や性格や態度といった直接観測できない構成概念を扱うことが多いので，本当にそれが測定できているのかは重要な問題になります。

## 11.1　信頼性と妥当性

　従来の考え方では信頼性と妥当性は車の両輪のようなものであり，信頼性は測定結果が時間や状況，対象が変わっても安定していることを，妥当性は本来測定しているものを測定しているかどうかの基準と見なされてきました。

　信頼性については後で紹介するようなたくさんの統計量が考え出され，信頼性係数と呼ばれています。一方，妥当性については妥当性係数と呼ばれるような統計量はなく，たまに妥当性係数と書かれていても他の指標との相関係数をそう呼んでいるに過ぎません。しかし，概念としての妥当性は様々なものが提唱されてきました。加えて，1つの妥当性の中に下位分類としてさらに妥当性が提唱されるなど，その種類は膨れ上がりました。ちょっと目にするだけでも構成概念妥当性，内的妥当性，外的妥当性，表面的妥当性，生態学的妥当性，基準関連妥当性，交差妥当性，因子妥当性，論理的妥当性，予測的妥当性，併存的妥当性，収束的妥当性，弁別的妥当性，臨床的妥当性などなど覚えきれないほどで収拾がつかない状況だったのです。

　中でも基準関連妥当性 (Criterion validity) と構成概念妥当性 (Construct validity)，内容的妥当性 (Content validity) は，その頭文字から3Cと呼ばれて主な妥当性と見なされてきた過去があります。しかし，現在ではもはやそのような立場はとられていません (村山, 2012; Steiner, Norman, & Cairney (2015/ 木原他訳, 2016))。

### 11.1.1　信頼性と妥当性についての現在の考え方

　信頼性の概念も妥当性の概念も時代とともに変遷してきました。一時もてはやされた伝統的な3Cには問題がありました。そもそも心理学など社会科学の分野では基準関連妥当性で使えるような外的基準がないことが多いのです。逆に明確な基準

があるなら，なぜ新たな尺度を作る必要があるのかということにもなります。内容的妥当性については，何をどう測定すれば内容的に妥当と言えるのかは不明のままです。独立した妥当性と言うより構成概念妥当性を満たすための一側面とも見なせます。次の問題として妥当性と言えば，3Cの3種類であり，それを満たせばよいのだという誤解を招きました。

Messick(1989, Linn(Ed.)/池田他監訳, 1992) は「妥当性の概念そのものは統合化された単一の概念である」(p.21) と主張し，すべての妥当性は構成概念妥当性という1つに収束されるという考え方が現在では主流になっています。つまり，基準妥当性も内容的妥当性も構成概念妥当性と独立・並列的なものではなく，構成概念妥当性を評価する1側面という捉え方になってきているのです。また，信頼性や妥当性の焦点は尺度自体から，その尺度から推論される対象の評価へと移行しています。例えば，古い考え方では尺度自体に信頼性や妥当性があるかのような解釈がなされていました。そのため，「過去研究でA尺度は信頼性係数が0.8と報告されており，信頼性が保証されている」というようなことを人は言いがちでした。こう言うと，その尺度に信頼性や妥当性が内在化されており，絶対的な信頼性や妥当性があるというような勘違いを生みます。しかし，正確には信頼性係数が0.8であったのは，その回答者や状況，測定時期に限定されたものであって，それらが異なれば信頼性も妥当性も変わってしまうのです。現在の妥当性の考え方では証拠や理論が尺度得点の解釈を支持する程度を妥当性としています。ここで重要なのは「程度」という表現で，もはや信頼性も妥当性も相対的な比較はできても「完全に満たされた」とは言えないということです。信頼性も妥当性も連続体上にあり，それをより向上させるための不断の努力のプロセスに焦点が移っているのです。

## 11.2　古典的信頼性係数

古典的信頼性理論の考え方では観測値 $x$ は真値 $t$ と誤差 $e$ からなると考えます。

$$x = t + e \tag{11.1}$$

真値は知りようがない値ですが，無限回試行ができたとしたら期待される平均値と考えます。誤差はランダムに生じるのでプラスの値とマイナスの値が相殺されて期待される平均値は0となります。誤差は真値とは相関がないと仮定されています。また，測定が繰り返されたと仮定した場合の誤差間の相関も0と仮定します。

ここで，$x$という得点は1回限りの値を表しているのではなく，無限回試行したらという繰り返しから得られる値を代表しているので，分散として書き直します。数学的な計算経過を省略すると以下の式が導かれます。

$$var(x) = var(t) + var(e) \tag{11.2}$$

ここで，観測値の分散と真値の分散の比を信頼性係数 $\rho$ と定義します。

$$\rho = \frac{var(t)}{var(x)} = \frac{var(t)}{var(t) + var(e)} \tag{11.3}$$

もし，誤差分散 $var(e)$ が 0 なら，観測値の分散は真値の分散と同じになり，式 (11.3) は 1 になります。一方，真値の分散 $var(t)$ が 0 で誤差分散だけなら，式 (11.3) は 0 になります。こうして信頼性係数は 0 から 1 までの値をとることがわかります。

## 11.2.1　信頼性の測定方法

信頼性の測定方法がいくつか提案されています。

### 再テスト法

再テスト法 (test-retest method) は，同じテストを時間をおいて繰り返す方法です。時間を隔てて測定を繰り返しても同じ結果が得られるなら信頼性は高いと考えます。最初のテストと次のテストの得点の相関係数を信頼性係数と見なすわけです。しかし，まったく同じテストを繰り返すと前のテスト内容を記憶していたり，慣れが生じたり，学習効果が生じるので信頼性が過大評価されてしまうという問題があります。また，1 回目にテストを受けたという経験自体が，態度や知覚に影響して回答者に変化を及ぼすかもしれません。こうしてテストの信頼性は逆に過小評価されてしまうこともありえます。結局，テストの時間間隔が短ければ，記憶の効果が生じ，時間間隔が長ければ回答者自身の変容が生じているかもしれないというジレンマがあるのです。

### 平行テスト法

平行テスト法 (pararell test method) は再テスト法と似ていますが，同じテストではなく，内容が同等と見なせるテストを繰り返す方法です。代替形式法 (alternative-form method) と呼ばれることもあります。しかし，内容が同等ということを確証することがそもそも難しいという問題があります。

### 折半法

折半法 (split-half method) は全項目を半分に分けて，2 つの項目群の相関から信頼性を求めようとする方法です。例えば，10 項目のテスト項目があるなら，5 項目ずつ半分の 2 つに分けて，ケースごとの合計を求めます。この 2 つの尺度合計得点の

相関係数を信頼性係数と見なします。この方法は再テスト法や平行テストと比べて，2回テストを行う必要がない利点があります。それにより記憶や学習の効果，2回実施の時間的隔たりによる変動要素を取り除けます。しかし，欠点としてテスト項目が半分になってしまうことがあります。項目数が減ると信頼性は低く推定されがちになるのです。この補正として Spearman-Brown の修正式が提唱されています。

　他に折半法の問題点として，どう項目を折半するのかが決まっていないので，分け方次第で結果が変わるということがあります。偶数番目の項目と奇数番目の項目に分ける場合と前半の半分の項目と後半の半分に分ける場合では結果が変わってきます。この問題を解決する方法として，次に扱う Cronbach の α 係数が出てきます。

## 11.3　Cronbach の α 係数と McDonald の ω

　現在，最もよく利用され，報告されているのは Cronbach の α 係数でしょう。論文や心理尺度集などを見ても心理尺度で報告されているほとんどは α 係数です。しかし，α 係数には多くの問題点があり，代わりの信頼性係数として ω などが提唱されています。

### 11.3.1　Cronbach の α 係数

$$\text{Cronbach の} \alpha = \frac{p}{p-1}\left(1 - \frac{\sum var(x_j)}{var(x)}\right) \tag{11.4}$$

　ここで，$p$ は項目数，$var(x_j)$ は各項目の不偏分散，$var(x)$ は各項目をケースごとに合計した加算得点の不偏分散です。折半法は項目の分け方次第で結果が変わってしまうという問題がありました。そこで，あらゆる分け方を試してみて，その平均値を使うというアイデアが湧きます。実際，折半した項目群の分散が等しい場合には可能な分け方すべての折半信頼性係数の平均値が α 係数になります。ただし，分散が等しくない場合には Flanagan-Rulon の公式と呼ばれる別な式を用いることになります。

　折半法と α 係数は再テスト法や平行テスト法とは少し異質な感じがしたかもしれません。再テスト法は時間をおいて測定を行うため，時間間隔の間の変容が生じる可能性がありました。しかし，そもそも信頼性という概念の中に時間を隔てても測定結果が安定しているということが含まれているなら時間をおいて測定するのは理にかなっています。ところが，折半法や α 係数は一度しか測定はされていません。ですから，時間的な一貫性や安定性は知ることができません。同じ対象を測定している項目なら，お互いに似ているはずだという考え方をもとにしており，これは内

的整合性，あるいは内的一貫性 (internal consistency) と呼ばれ，α 係数は内的整合性の指標であると言われることもあります。これは誤解を招きやすく，α 係数が高ければ，内的整合性が保証されているのだから，1 次元性が保証されたという解釈が出てきてしまうことがあります。しかし，項目数が増えると α 係数は大きな値をとること，また α 係数は項目間の共分散に影響されるので仮に整合性が低い項目があっても平均されたときに，それが見えなくなってしまうという問題があるので，1 次元性の確認には使えません。1 次元性は因子分析などで確認すべきです。

　他の問題として α 係数は信頼性を過小評価する傾向があるということがあります。他に，より高い推定値をもたらす可能性のある統計量が存在しているにもかかわらず，α 係数が報告されることが多いのです[13]。

　それ以外にも α 係数が高いことが良い尺度を示すとは限らないケースがあります。例えば，まったく同じ項目だけからなる尺度を作れば α 係数は極めて高くなることが想像できます。しかし，構成概念を調べようとするなら，同じようなことだけを聞く項目からなる尺度が良いわけはなく，いろいろな側面から測定すべきでしょう。

　これと関連して，α 係数の前提条件としてタウ等価というものがあります。簡単に言えば，測定されている概念は 1 次元で，個々の項目は同じ程度にその概念を測定しているということです。これは現実には考えにくいことで，項目はそれぞれ測定への寄与の程度が異なるはずです。まだ 1 次元性が前提でしたが，α の結果から1 次元性を主張することはできません。これが満たされていないのに α 係数を使用するのは問題です。

　最後の問題点は，α 係数がある基準値，例えば 0.8 を超えていればその尺度は問題がないというお墨付きを得たのだという勘違いを引き起こしているということが挙げられます。実際，自分のデータの信頼性係数を報告することなく，もとの研究・尺度で報告されている信頼性係数だけを報告して済ましている人をよく見かけます。尺度自体が信頼性を内在しているかのように誤解しているためでしょう。しかし，ある尺度が α = 0.8 と報告されていることは，その尺度がどのような回答者や状況でも高い信頼性を持っていることを意味してはいません。あくまで，最初の報告者，あるいは尺度作成者がある時点のある状況で，ある回答者集団に実施した時に α = 0.8 という値が得られたことを意味するだけです。したがって，α = 0.8 が保証された尺度を使ったのだから，自分の分析では信頼性係数を検討しなくてもよいのだということにはならないのです。

### 11.3.2　McDonald の ω

　Cronbach の α 係数の他に jamovi で利用できるもう 1 つの信頼性係数は McDonald の ω(オメガ) です。ω には大きく $\omega_h$ の $\omega_t$ の 2 種類があります。添え字の h は

---

[13]SPSS で出力できる Guttman の $\lambda_2$(ラムダ 2) を報告した方が過小推定バイアスを避けられます。

hierarchical(階層的) から，$t$ は total(全体) の略です。jamovi で出力されるのは $\omega_t$ の方です。違いについては岡田 (2011) を参照してください。

先に述べたように $\alpha$ 係数は解釈上の問題と理論上の問題を抱えていました。それらは専門家によって指摘され，代わりの信頼性係数も提唱されてきました。にもかかわらず長い間，信頼性係数と言えば $\alpha$ 係数のように思われてきたのでしょうか。これは統計学史で見たように統計理論と実践をつなぐにはソフトウェアが欠かせないからです。主要な統計ソフト SPSS, SAS, Stata では，今なお新しい信頼性係数を提供していません。それに対して jamovi では，有力な次世代信頼性係数として McDonald の $\omega$ を求めることができます。$\omega$ は $\alpha$ の厳しい制約，タウ等価や 1 次元性を前提としません。今後は $\alpha$ 係数に対して McDonald の $\omega$ を代わりに報告するよう求められることが多くなることを考えるとユーザーには朗報と言えるでしょう。実際，McDonald の $\omega$ は求めるのが簡単ではありません。$\alpha$ 係数のように手計算は不可能です。というのは，古典的な $x = t + e$ モデルに対して，現在の信頼性モデルでは因子分析を応用します。理論的には $t$ の中にさらに一般因子，群因子，特殊因子，誤差を設定し，計算上は因子斜交回転や特殊な変換を行います。ということで本来，複雑な計算を行う必要がありますが，jamovi では簡単に $\omega$ を求めて利用できます。

## 11.4　分析方法

メニュー「Analyses」「Factor」を選択します。「Reliability Analysis(信頼性分析)」が出てきますので選択します。なぜ，Factor(因子分析) のメニューの下に信頼性分析があるのか不思議に思うかもしれませんが，McDonald の $\omega$ で説明したように，現在の信頼性分析は因子分析モデルを根底においているので，これが自然なことなのです。

図 11.1 は授業を評価したデータです。「分かりやすい」，「理解できた」，「興味が湧いた」，「楽しい」，「不満足」，「有意義」の 6 項目で測定しています。

分析指定画面で尺度項目となる 6 変数を「Items(項目)」に指定しています。「Scale Statistics(尺度統計量)」で Cronbach の $\alpha$ 係数と McDonald の $\omega$ にチェックを入れているので 2 つの信頼性係数が出力されます。「Mean(平均)」と「Standard deviation(標準偏差)」にもチェックを入れているので，尺度全体の平均値と標準偏差が出力されます。「Item Statistics」にある「Mean(平均)」と「Standard deviation(標準偏差)」は各項目ごとの平均値と標準偏差を出力するためのものです。「Cronbach's $\alpha$ (if item is dropped)」と「McDonald's $\omega$ (if item is dropped)」にチェックを入れると，その項目を除いた場合の Cronbach の $\alpha$ 係数と McDonald の $\omega$ を出力します。

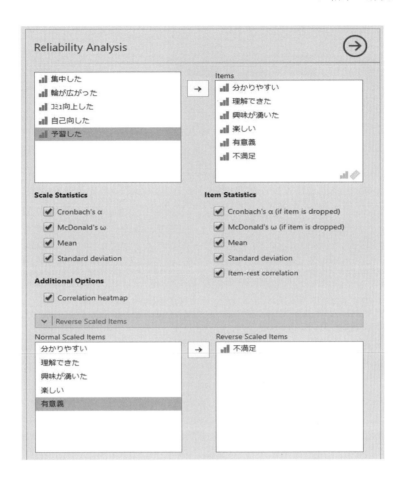

図 11.1: 信頼性データ

「Additional Options(オプション)」にチェックを入れると項目間の相関を，色で表示したヒートマップが表示されます。

その下の「Reverse scaled items(逆転尺度項目)」には，逆転項目を入れます。このデータでは不満足の項目だけが，他の項目と方向が逆になっています。そこで「不満足」を指定しています。逆転項目を前処理で逆転させておかなくてもよいので便利です。

## 11.5　結果の解釈

「Scale Reliability Statistics(尺度信頼性統計量)」のところに尺度全体の平均値 (mean) と標準偏差 (sd)，Cronbach の $\alpha$ 係数と McDonald の $\omega$ が出力されていま

す。いずれも高い値になっていますが，McDonald の $\omega$ の方がより高い値を示しています。

「Item Reliability Statistics(項目信頼性統計量)」には，項目ごとの統計量が示されています。「item-rest correlation(項目-他項目相関)」はその項目と他の項目の合計得点との相関を示しています。例えば，「分かりやすい」は 0.694 となっていますが，これは「分かりやすい」とそれを除いた合成得点 (＝「理解できた」＋「興味が湧いた」＋「楽しい」＋「不満足」の逆転得点＋「有意義」) との相関を意味します。この値が高いことは，その項目が他の項目と同じような情報を多く含むことを意味するので，もしかすると冗長な項目であることを示しているかもしれません。

「if item dropped」のラベルの下に表示されている Cronbach の $\alpha$ 係数と McDonald の $\omega$ は，その項目が除かれたときに得られる信頼性係数の値です。この例では「理解できた (理解 1)」を除くと $\alpha$ も McDonald の $\omega$ も 0.9 以上に上がりますので，理解の項目が尺度の信頼性をいくぶん損なうことがわかります。

## Reliability Analysis

Scale Reliability Statistics

|  | mean | sd | Cronbach's α | McDonald's ω |
|---|---|---|---|---|
| scale | 4.6509 | 1.1933 | 0.8979 | 0.9010 |

Item Reliability Statistics

|  | mean | sd | item-rest correlation | if item dropped | |
|---|---|---|---|---|---|
|  |  |  |  | Cronbach's α | McDonald's ω |
| 分かり1 | 4.5811 | 1.4898 | 0.6936 | 0.8846 | 0.8906 |
| 理解1 | 4.7162 | 1.1765 | 0.5511 | 0.9032 | 0.9075 |
| 興味1 | 4.7568 | 1.4787 | 0.7104 | 0.8820 | 0.8856 |
| 楽しい1 | 4.3243 | 1.5886 | 0.7459 | 0.8768 | 0.8816 |
| 不満足 [a] | 4.6081 | 1.6620 | 0.8168 | 0.8649 | 0.8688 |
| 有意義1 | 4.9189 | 1.3524 | 0.8430 | 0.8632 | 0.8649 |

[a] reverse scaled item

図 11.2: 信頼性結果

逆転項目は項目名に「a」の文字で示され，下に「reversed scale item(逆転尺度項

目)」として説明があります。ヒートマップのオプションを指定してあれば，項目間の相関が+1 に近いほど緑で，−1 に近いほど赤で表示されます。同じ構成概念を測定している項目が負に相関することは考えにくいので，赤のセルがあるようなら信頼性モデルに適合していない可能性があります。また，逆転項目をそのままにしていないかを調べてみるとよいでしょう。

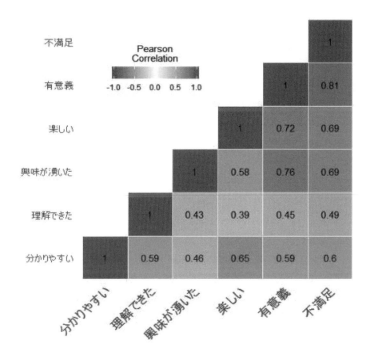

図 11.3: 相関ヒートマップ

# 参考文献

[1] Cronbach, L. J., Rajaratnam, N., & Gleser, G. C. (1963). Theory of generalizability: A liberalization of reliability theory. *British Journal of Statistical Psychology, 16,* 137-163.

[2] Linn, R. L.(Ed.). (1989). *Educational Measurement* (3rd ed.). Macmillan. (リン, R. L. 池田 央・藤井 恵璽・柳井 晴夫・繁桝 算男 (編訳) (1992). 教育測定学 (原著第 3 版, 上・下巻) みくに出版

[3] McNeish, D.(2018). Thanks Coefficient Alpha, We'll Take It From Here. *Psychological Methods, 23*(3), 412-433.

[4] 村上 宣寛 (2007). 心理尺度のつくり方 (第 2 版) 北大路書房

[5] 村山 航 (2012). 妥当性 ―概念の歴史的変遷と心理測定学的観点からの考察― 教育心理学年報, 第 51 集, 118-130.

[6] 岡田 謙介 (2011). クロンバックの α に代わる信頼性の推定法について ―構造方程式モデリングによる方法・McDonald の ω の比較― 日本テスト学会誌, *7*(1), 37-50.

[7] 岡田 謙介 (2015). 心理学と心理測定における信頼性について ―Cronbach の α 係数とは何なのか, 何でないのか― 教育心理学年報, 第 54 集, 71-83.

[8] 高木 真寛・服部 環 (2015). 国内の心理尺度作成論文における信頼性係数の利用動向 心理学評論, *58*(2), 220-235.

# 因子分析

　因子分析は心理学の分野から出てきた分析法で，もともとは知能を説明するためのモデルから出発しています。一方，主成分分析は経済学者の Harold Hotelling が提唱したもので，根底にあるモデルは異なっています。しかし，似たような出力が得られること，また，多くの統計ソフトで因子分析の下位メニューに主成分分析を入れているために同じ分析と捉えられがちです。jamovi でも，因子分析と主成分分析はデータの縮約という 1 つのくくりで扱われています。しかし，その違いを理解しておくことは重要です。

## 12.1　主成分分析の考え方

　主成分分析は PCA(principal component analysis) と呼ばれ，1933 年には principal component という言葉が Hotelling の論文に現れています。基本的な考え方は多くの変数を少数の主成分と呼ばれる変数に縮約するための手法です。変数が 1 つだけで，それを表現するなら 1 次元ですみます。例えば，大学の成績を考えてみましょう。たくさんの授業を学生はとります。それぞれの授業の成績を 5 段階にしてすべての平均値をとったとしましょう。これが GPA と呼ばれるもので，大学で採用されているものです。この場合，大学生の成績は 1 次元で低い学生から高い学生まで直線上に載ります。これは人間にはとても理解しやすい指標です[14]。このような GPA は単純に合計して受講科目数で割った平均値をとっただけなので，評価として適切かどうかはわかりません。科目間の関係は無視されています。

　では，個々の科目ごとに評価を考えたらどうでしょうか。大学で受ける授業数が 60 科目あるとすると，60 個の変数から 60 次元ができます。人は普通，3 次元空間までしか視覚的に認識できません。縦，横，高さの 3 次元はそれぞれ直角に交差した直交次元になりますが，60 次元ではすべてが直交した関係です。物理学が考える現実世界でも，せいぜい 11 次元くらいしか想定されていませんが，数学的にはいく

---

[14]しかし，評価の 1 元化は理解しやすさと引き換えに大きな問題も引き起こしています。GPA を高めるために難しい科目や評価の厳しい科目を避けて最小限の科目をとろうとする学生を生み出しているからです。本来，新しいことを学ぶための大学で GPA を上げるためだけに教養も専門知識も偏った学生が生み出されているのです。

らでも高次の次元を考えることができます。しかし，これでは人間が直感的に把握するのは無理です。

　変数間の関係を考慮しながら，少数の変数に縮約できればというアイデアが湧きます。この縮約された少数の変数のことを主成分と呼びます。

　たくさんの変数をどうすれば，少数の主成分に縮約するかということですが，仮に科目が3科目だけだったと極端な例を考えてみましょう。3次元なので空間になりますが，そこに個々のケースデータが点として浮かんでいる状態です。ここで浮かんでいるデータの形がたまたま針金状になったとすると，3次元は必要ないでしょう。1次元で十分です。針金は確かに3次元の物体ですが，厚みを構成する2つの次元は小さいので無視しても問題ないからです。ここで針金の形というのは直線ですので相関の測っている指標，つまり直線傾向となることに注目してください。こうして主成分分析では相関係数を行列表現した相関行列 $R$ を分解していくのです[15]。同様に浮かんでいるデータの形が1枚の紙のようになっているなら，今度は2次元が適切でしょう。紙の縦・横の長さは無視できませんが，厚みは無視してもよいでしょう。このように考えていくとデータの分布次第で3次元のデータが2次元や1次元に縮約できるということです。もし，60科目を主成分分析して3つの主成分が抽出されるなら，60次元が3次元に縮約できたことになります。60科目は大きく3つの次元に分けられるということです。

　主成分分析は相関行列をもとに，それを少数の次元に縮約する手法と言えます。最もデータをよく説明する主成分を第1主成分 (第1次元)，次に第1主成分と直交して (第1主成分を除いて) データを説明する主成分を第2主成分 (第2次元) という具合に次々と主成分を抽出していきます。変数の数だけ主成分は抽出されます。60変数あるなら，60の主成分が抽出されます。データが針金の形状の場合なら，針金の厚みも無視せずに考えるからです。しかし，針金の厚みは無視してよいという判断は人間がします。そのため主成分の打ち切りをいくつかの基準をもとに行うことになります。主成分分析の解は因子分析と違い，数学的に1つに決まります。最終的には相関行列 $R$ を $R = AA'$ と主成分負荷量 $A$ に分解することになります。この時，個々の変数の標準化された得点 $Z$ は $Z = FA'$ と主成分得点と主成分負荷量で表現されることになります。この主成分負荷量の値は個々の変数が縮約された主成分にどれほど影響しているかの指標になります。

## 12.2　因子分析の考え方

　因子分析は心理学者の Spearman, C. E. が考えた知能の2因子モデルのためにもともとは発展したものです。知能の2因子モデルとは知能が一般的な知能 (一般因

---

[15]相関行列ではなく，分散共分散行列を分解することも主成分分析ではあります。

子 g) とその課題だけに特殊な知能 (特殊因子 s) からなると考えるモデルです。

　例えば，いわゆる頭の良い人を見てみるとどの学業科目もまんべんなくできるように見えます。これはどの科目にも影響する一般的な知能があって，それが高いためにどの科目もできるのだと考えるのです。一方で，学業科目はできるのですが，ダンスや体育，音楽や絵画，料理や工作が全然ダメという人もいるかもしれません。しかし，これらのことも広い意味で知能と言えるはずです。もし，一般的な知能があって，それが高いなら，すべてに秀でていても不思議はないはずです。あるいは学業科目といっても，その中の数学はものすごいできるが，国語はできない人もいるかもしれません。こうなると一般知能だけでは説明ができません。もし，個々の科目だけに影響する知能，例えば音楽だけに影響する知能を想定すれば，音楽だけが得意という人を説明できます。それを特殊知能と考えたのです。

　この 2 因子モデルによれば，知能検査の得点 $Z$(標準化された得点) は次のように表現できます。ここでは行列で表しています。$F$ は共通因子の因子得点，$A$ は因子負荷量，$C$ は特殊因子の因子得点，$S$ は特殊因子の因子負荷量，$E$ は共通因子と特殊因子で説明できない誤差です。

$$Z = FA' + CS + E \tag{12.1}$$

しかし，ここで特殊因子と誤差を明確に区別する方法がありません。いろいろな方法が提案されていますが，決定的なものはないのです。そこで解が 1 つに決まる主成分分析とは違い，推定法の違いで因子分析にはたくさんの種類があることになります。jamovi でも最小残差法 (Minres 法：Minimum residual)，最尤法 (Maximum likelihood)，主因子法 (Principal axis) の 3 種類が用意されています。結局，誤差と特殊因子を区別する決定的な解はないので，両者を 1 つにして扱い，次の式になります。

$$Z = FA' + UD \tag{12.2}$$

ここで $U$ を独自因子の因子得点，$D$ を独自因子の因子負荷量と呼びます。独自因子は特殊因子と誤差を含むものですが，関心の対象ではありません。$FA'$ の因子負荷量と因子得点が求めたいものです。そこで $UD$ は移行して，$Z - UD = FA'$ とすることが考えられます。ところで主成分分析は $Z = FA'$ で，$R = AA'$ と分解しました。因子分析は $Z - UD = FA'$ です。$Z - UD$ が $Z$ なら主成分分析と同じです。しかし，実際には同じではないので，相関行列 $R$ を分解するということにはなりません。相関行列から独自因子の成分を除いたものになるので，これを割引相関行列 $R^*$ と呼びます。こうして，因子分析は $R^* = FA'$ となり，主成分分析が分析対象を相関行列としたのに対して因子分析は相関行列から独自成分を取り除いた割引相関行列を分析対象としているものだということがわかります。

　主成分分析と因子分析は出力は似ていますが，独自因子を想定するかどうかというモデルとしての大きな違いあるのです。他にも因子分析は因子負荷量を回転させ

ることができます。しかし，主成分分析には回転という考えはありません。実際には回転はできますが，それは主成分分析ではなく，独自因子を仮定しない因子分析を行っていることになるでしょう。

### 12.2.1　探索的因子分析と確認的因子分析

因子分析には大きく2つの種類があります。それは探索的因子分析 (Exploratory Factor Analysis : EFA) と確認的因子分析 (Confirmatory Factor Analysis : CFA) です。

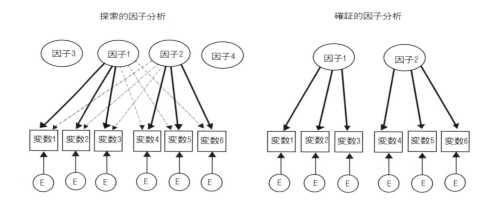

図 12.1: 探索的因子分析と確認的因子分析

図 12.1 は探索的因子分析 (EFA) と確認的因子分析 (CFA) を単純化して図示したものです[16]。独自因子は誤差と1つにして $E$ と表現しています。探索的因子分析ではいくつ因子が出てくるかは事前にはわかりません。ここでは因子1から因子4まで4つの因子が出てきたとしています。そこから，分析者は何らかの基準，例えば固有値などから因子を絞り込みます。ここでは2因子を抽出した状態です。それぞれの因子は3つの変数に高く負荷している (強く影響している) ことを太線で表現しています。しかし，それ以外の変数にも弱いものの影響があるので，それは細線で示しています。除外された2つの因子もそれぞれの変数に弱いながら影響しているので，本当は細線があるのですが，それは描いていません。

一方，確認的因子分析では因子の数は事前に決めています。ここでは2因子のみです。また，因子から影響する変数も事前に決まっています。どう決まるかと言えば，それは分析者が自分の仮説に基づいて決めるのです。後はその仮定，ここでは

---

[16]因子間相関は描いていません。

2因子で3変数ずつが影響しているモデルが実際のデータに適合するかどうかを検定することになるのです。

　この図のように2因子の結果といっても，探索的因子分析と確認的因子分析では意味合いが異なります。探索的に因子を探ろうとする分析と，事前に仮説を立てて，その仮説の適合を検討する分析の違いです。よくある状況としては，以前の研究で探索的因子分析が行われて因子が抽出されているのだが，今手元にあるデータでもその因子構造が再現できるのかを確認したいという場合に確認的因子分析を行うことになるでしょう。

### 12.2.2　直交回転と斜交回転

　探索的因子分析では因子の回転を行うことがほとんどです[17]。回転することで因子を解釈しやすくなる単純構造を目指します。

表 12.1: 単純構造

| | 回転前 | | | 回転後 | |
| --- | --- | --- | --- | --- | --- |
| | 因子1 | 因子2 | | 因子1 | 因子2 |
| 変数1 | 0.9 | 0.8 | 変数1 | **0.9** | 0.3 |
| 変数2 | 0.6 | 0.7 | ⟹ 変数2 | **0.8** | 0.2 |
| 変数3 | 0.3 | 0.4 | 変数3 | **0.7** | 0.2 |
| 変数4 | 0.4 | −0.3 | 変数4 | 0.1 | **0.9** |
| 変数5 | 0.5 | −0.4 | 変数5 | 0.2 | **0.8** |
| 変数6 | 0.8 | −0.8 | 変数6 | 0.1 | **0.8** |

　表12.1は理想的なケースを示しています。回転前はどの変数もそれなりに因子に負荷しており，解釈が困難です。一方，回転後は変数1〜3は因子1に，変数4〜6は因子2に高く負荷しており，両方の因子に高く負荷する変数がなくなっています。これが単純構造です。因子分析の最終段階は因子負荷量を基に因子を解釈して命名を行うので回転によって把握しやすくなるのは好ましいことです。

　因子回転には直交回転と斜交回転があります。直交回転は因子同士が直交関係，つまり因子同士が直角と仮定して軸を回転させていきます。この時，因子同士は無相関としています。斜交回転では因子同士は直角な軸ではありません。言い換えると因子同士に相関を認めます。結果として斜交回転では因子と変数の相関を示す因

---

[17]確認的因子分析に回転はありません。

子構造行列と負荷の強さを表す因子負荷行列 (因子パターン行列) の 2 つが出てきます[18]。

表 12.2: 直交回転と斜交回転

|  | 直交回転 | 斜交回転 |
|---|---|---|
| 代表的回転 | Varimax(バリマックス回転) | Promax(プロマックス回転)<br>Oblimin(オブリミン回転) |
| 因子間の関係 | 無相関で独立と仮定 | 相関を認める |
| 自然現象との対応 | 厳しい制約 | より自然 |
| 結果の解釈 | 因子負荷量のみで簡単 | 因子負荷量と構造行列の 2 つで難しい |
| 単純構造 | 単純構造はそれなり | 相関を認めるので単純化しやすい |
| 因子の命名 | 因子が独立なので命名しやすい | 因子間相関を考慮した命名は難しい |
| 因子得点の扱い | 因子得点の利用が容易 | 因子得点の利用が難しい |

　直交回転を選ぶか斜交回転を選ぶかは研究対象やデータの性質，そして分析者の考え方次第です。斜交回転の方が自然で単純構造が得やすいという利点もありますが，因子に相関があるにもかかわらず因子同士が独立で直交しているような命名をしがちになる解釈上の落とし穴もあります。因子負荷量が単純な構造になったからといって，相関のある因子の解釈が簡単になるわけではないからです。因子分析には手法についても回転法についても今なお決定版はないのです。よく目にする人気という点で言えば，直交回転なら最尤法とバリマックス回転，斜交回転なら最尤法とプロマックス回転が選ばれることが多いようです。しかし，その理由はこれらの回転が SPSS や Stata などの統計ソフトで用意されているためということがあるかもしれません。jamovi ではプロマックス回転の修正版であるシンプリマックス回転も利用できます[19]。したがって，もはやプロマックス回転にこだわる必要はないかもしれません。

## 12.3　探索的因子分析の分析法

　メニュー「Analyses」「Factor」を選択します。「Data Reduction(データ縮約)」のラベルの下に「Principal Component Analysis(主成分分析)」，「Exploratory Analysis(探索的因子分析)」，「Confirmatory Factor Analysis(確認的因子分析)」が出てきます。

　主成分分析と因子分析はモデルこそ違いますが，分析の指定や結果はほぼ同じ見方ができます。主成分分析で注意すべきところは「Method」の「Rotation」のとこ

---

[18]jamovi では構造行列は出力されないようです。
[19]SPSS や Stata には Simplimax はまだありません。

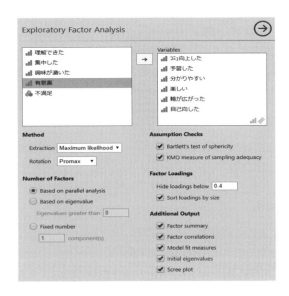

図 12.2: 探索的因子分析の分析指定

ろがデフォルトで「Varimax」になっているので，ここを「None」に変更しないと本来の意味の主成分分析にならないということです。主成分分析に回転はないからです。探索的因子分析を選択すれば，いわゆる普通の因子分析が実行されます。まず，「Variables」に分析対象の変数を指定します。多くの変数があるときはキーボードの SHIFT キーや CTRL キーを使って一括指定することができます。「Method」の「Extraction」のラベルでは表 12.3 にある因子抽出法を選択できます。図 12.2 では，ほとんどの項目にチェックを入れて指定していますが，実際，そうした方が適切なことがほとんどです。ただし，表 12.3 にある因子抽出法や表 12.4 の回転法は自分の判断で指定する必要があります。

表 12.3: Extraction(因子抽出)

| Maximum likelihood<br>(最尤法) | 最も利用されている。<br>因子数の検定が可能<br>多変量正規分布が前提。<br>Heywood ケースと呼ばれる不適解が生じやすい。 |
|---|---|
| Minimum residuals<br>(最小残差法：Minres 法) | jamovi のデフォルト。<br>最小 2 乗法による考え方。<br>最尤法の前提は不要。 |
| Principal axis<br>(主軸法) | 反復主因子法とも呼ばれる。 |

表 12.4: Rotation(因子回転)

| 選択オプション | 回転種類 | 補足 |
|---|---|---|
| none<br>(回転なし) | 回転なし | 主成分分析 |
| Varimax<br>(バリマックス回転) | 直交回転 | Kaiser が 1958 年に提唱。<br>直交回転で最も利用されている。 |
| Quartimax<br>(コーティマックス回転) | 直交回転 | 第 1 因子に負荷が集中する傾向あり |
| Promax<br>(プロマックス回転) | 斜交回転 | Hendrickson and White が<br>1964 年に発表。指数 $k = 4$。<br>バリマックス回転の結果から<br>ターゲット行列を作り,<br>それに近づける。 |
| Oblimin<br>(オブリミン回転) | 斜交回転 | jamovi のデフォルト。 |
| Simplimax<br>(シンプリマックス回転) | 斜交回転 | Kiers が 1994 年に発表。<br>単純化の最大化 (MAXimize the SIMPLicity)<br>から命名。プロマックス回転の改良版<br>負荷が 0 になるべき因子が<br>0 に近づく構造を目指す。 |

## 12.4　探索的因子分析の結果の解釈

　図 12.3 にあるように「Factor Loadings」に因子負荷量が示されます。「Uniqueness」は独自性を意味します。この値が高いほど, その変数固有の影響 (＋誤差) が大きく, 低いと共通因子の影響が大きい変数を意味します。負荷量の表示制御で 0.4 としているので 0.4 以下の負荷量は表示されていません。「Factor Statistics」の「Summary(要約)」の「% of Variance」と「Cumulative %」で説明率と累積説明率がわかります。

　ここでは第 1 因子で全分散の 35.222% を説明でき, 2 つの因子の累積説明率で全体の 57.8124% が説明できることがわかります。

　「Correlation Matrix」は因子間の相関です。斜交回転の Promax なので因子間に相関を認めています。ここでは 0.695 と 2 つの因子が高い相関を持っていることがわかります。

　「Model Fit」にはモデルの適合度指標が示されています。「RMSEA」の値は 0.05 以下なら良く, 0.1 以上だと適合度は悪いことになります。「TLI」は 1.0 に近いほど良いと判断します。「BIC」は絶対的な指標ではなく, モデル比較の指標なので, ここでの −14.0064 をそのまま評価できません。他のモデル (例えば 1 因子モデルなど) と比較して, より小さい値ならより良いモデルと判断します。「Model Test」はモデルを $\chi^2$ 検定したものです。

表 12.5: EFA のチェック・オプション

| オプション | 意味 | 説明 |
|---|---|---|
| Number of Factors(因子数の決定) | | |
| Based on pararell analysis | 平行 (並行) 分析 | データと同じ数の正規乱数相関行列を因子分析し,その固有値と比較してより大きな固有値の数を因子数とする。 |
| Based on eigen value | 固有値 | Eigenvalues greater than に数値で指定する。指定値以上の固有値を因子数とする。1 の指定が一般的。 |
| Fixed number | 因子数 | 事前に因子数がわかっている場合に指定する。 |
| Assumption Checks(分析の前提チェック) | | |
| Bartlett's test of sphericity | バートレットの球面性検定 | 相関行列が単位行列かどうかの検定。有意な差がなければ因子分析は不適切。 |
| KMO measure of sampling adequacy | Kaiser-Meyer-Olkin の標本妥当性測度 | 値が 1 に近いほど共通因子の仮定が適切で, 0.5 未満では因子分析は不適切。 |
| Factor Loadings(因子負荷表示) | | |
| Hide loadings below | 因子負荷の表示制御 | 指定した値以下の因子負荷は表示しない。0.3 か 0.4 を指定するのが一般的。 |
| Sort loadings by size | 因子負荷のソート | 因子負荷の値を降順で表示して見やすくする。 |
| Additional Output(追加出力) | | |
| Factor summary | 因子の要約 | SS Loadings(因子負荷の平方和) % of Variance(分散説明率) Cumulative %(分散の累積説明率) |
| Factor correlations | 因子間相関 | 因子間相関を出力。 |
| Model fit measures | 適合度指標 | 1)RMSEA と 90%信頼区間 (RMSEA<0.05 なら良い) 2)TLI(Tucker-Lewis Index) (1 に近いほど良い) 3)BIC(Bayesian information criterion) モデル比較の基準 (小さい値の方が良い) 4)$\chi^2$ 検定 ($\chi^2$ 検定はデータが多いと棄却されやすいので他の適合度とともに判断) |
| initial eigenvalue | 初期固有値 | 回転前の初期固有値を出力。 |
| Scree plot | スクリープロット | 固有値のプロット。急激に傾きが変わる 1 つ前までの因子を採用。 |

# Exploratory Factor Analysis

Factor Loadings

| | Factor | | |
| | 1 | 2 | Uniqueness |
|---|---|---|---|
| 楽しい | 0.8144 | | 0.3616 |
| 予習した | 0.7762 | | 0.2852 |
| 分かりやすい | 0.7656 | | 0.5194 |
| 自己向した | 0.4802 | | 0.5486 |
| コミ1向上した | | 0.8604 | 0.3542 |
| 輪が広がった | | 0.7047 | 0.4623 |

*Note.* 'Maximum likelihood' extraction method was used in combination with a 'promax' rotation

## Factor Statistics

Summary

| Factor | SS Loadings | % of Variance | Cumulative % |
|---|---|---|---|
| 1 | 2.1133 | 35.2220 | 35.2220 |
| 2 | 1.3554 | 22.5904 | 57.8124 |

Correlation Matrix

| | 1 | 2 |
|---|---|---|
| 1 | — | 0.6950 |
| 2 | | — |

図 12.3: 探索的因子分析の結果

　図 12.4 では 2 因子を選んだモデルが実際のデータと適合しているかを検定しています。$\chi^2$ 値と自由度 (*df*)，確率 (*p*) が示されています。ここでは $p = .317$ と.05 より大きいので，2 因子モデルと実際のデータが食い違っていないと判断できます。ただし，$p$ 値はデータ数に影響され，データが多いと食い違いを検出してモデルがデータと異なると判断し，逆にデータが少ないとモデルとデータが異なっていないと判断してしまうという皮肉な結果を生んでしまいます。そこで，他の適合度と総合して判断をした方がよいでしょう。

　「Assumption Checks」の「Bartlett's Test of Sphericity」にはバートレットの球

**Model Fit**

Model Fit Measures

| | RMSEA 90% CI | | | | Model Test | | |
|---|---|---|---|---|---|---|---|
| RMSEA | Lower | Upper | TLI | BIC | $\chi^2$ | df | p |
| 0.0398 | 0.0000 | 0.1567 | 0.9877 | −14.0064 | 4.7221 | 4 | 0.317 |

**Assumption Checks**

Bartlett's Test of Sphericity

| $\chi^2$ | df | p |
|---|---|---|
| 238.7514 | 15 | 2.56e−42 |

KMO Measure of Sampling Adequacy

| | MSA |
|---|---|
| Overall | 0.8059 |
| コミュ向上した | 0.7529 |
| 予習した | 0.8055 |
| 分かりやすい | 0.8254 |
| 楽しい | 0.8217 |
| 輪が広がった | 0.7679 |
| 自己向した | 0.8530 |

図 12.4: 前提のチェック

面性検定の結果が表示されています。$\chi^2$ 値は 238.7514 で自由度 (df) は 15 です。確率 (p) は 2.56e-42 となっており，これは $2.56 \times 1/10^{42}$ を意味しますので限りなく 0 です。言い換えると相関行列は単位行列ではないことになるので，因子分析は不適切ではないと判断します。

「KMO measure of sampling adequacy」は変数の妥当性の測度で，「Overall」には全体の結果を，他に個々の変数ごとの結果を示しています。1.0 に近いほど良く，0.5 以下は因子分析に不適であることを意味します。

「Eigenvalues」には回転前の初期固有値が表示されます。固有値 1 は変数 1 つ分の情報量と見なせますので，仮に因子 1 の固有値が 3.0 なら 1 因子で 3 変数分の情報量を持っていると解釈できます。

図 12.5 は固有値をグラフにしたスクリープロットです。ここでは「Based on parallel analysis」にチェックを入れているので平行 (並行) 分析を行い，乱数の因子分析から得られた固有値は「Simulations」として破線で描かれています。破線より上になる因子なら意味があると判断するので，この場合は 2 因子を選ぶことになります。

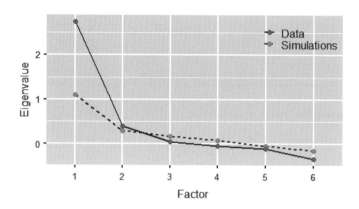

図 12.5: Scree プロット

## 12.5　確認的因子分析の分析法

　図 12.6 は変数の指定画面です。「Factor1」に「→」，もしくはマウスの選択で左
の変数名をドラッグして選択をします。ここでは「予習した」「分かりやすい」「自己
向した[20]」の 3 変数を「Factor1」(因子 1) に指定しています。その下に現れる「+
Add New Factor」を押すと「Factor2」が表示されるので，それを選択して因子 2
に変数を指定します。ここでは「コミュ向上した」「楽しい」「輪が広がった」の 3
変数を「Factor2」(因子 2) に指定しています。後は同様に必要なだけ因子を増やす
ことができます。デフォルトでは因子名は「Factor 1」のようになっていますが，ク
リックして具体的な因子名を入力することもできます。

　「Residual Covariance(残差共分散)」では変数間に共分散を指定します。変数間
に相関を仮定するということです。左右に対にして共分散が指定されたことになり
ます。ここでは「予習した」と「分かりやすい」の間と「コミュ向上した」と「輪
が広がった」の間に共分散を設定しています。

　この設定を jamovi でパス図表示したのが図 12.9 です。ただ，jamovi のパス図は
変数名が日本語だと文字化けしてしまうようなので，この図では後から文字を修正
しています。表 12.6 には分析設定で可能なオプションを示しています。

---

[20]「自己向上した」の省略名

表 12.6: CFA のチェック・オプション

| オプション | 意味 | 説明 |
|---|---|---|
| Options(オプション) | | |
| Full information maximum likelihood | 欠損値の 完全情報最尤推定法 | 欠損値の値を最尤法で 推定して補う。 |
| Exclude cases listwise | 欠損値の リストワイズ削除 | 変数に欠損値がある ケースをすべて削除する。 |
| Factor variances=1 | 因子分散の制約 | 因子の分散を 1 に固定。 |
| Scale factor= scale first indicator | スケール因子の設定 | 因子の最初の変数を 1 に固定してスケール 基準とする。 |
| Estimates(推定値) | | |
| Factor covariances | 因子間共分散 | 因子間の共分散を表示。 |
| Factor intercepts | 因子の切片 | 因子の切片を表示。 |
| Residual covariance | 残差共分散 | 残差共分散を表示。 |
| Residual intercept | 残差切片 | 残差の切片を表示。 |
| Test statistics | 検定統計量 | 因子負荷の推定値の 出力に $Z$ と $p$ 値を出力。 |
| Confidence interval | 信頼区間 | 出力統計量に信頼区間を 追加する。 |
| Standardized estimate | 標準化推定値 | 標準化因子負荷を表示。 |
| Model Fit(モデル適合) | | |
| $\chi^2$ test | $\chi^2$検定 | モデルとデータの 食い違いを検定。 表 12.5 を参照 |
| CFI | Comparative Fit of Index | 1 に近いほど適合が良い。 0.95 以上が望ましい。 |
| TLI | Tucker-Lewis Index | 表 12.5 を参照 |
| SRMR | Standardized Root Mean square Residual | 0 に近いほど良い。 |
| RMSEA | Root Mean Square Error of Approximation | 表 12.5 を参照 |
| AIC | Akaike's Information Criterion | 値に絶対的意味はなく, モデル比較で意味を持つ。 小さい方のモデルが良い。 |
| BIC | Bayesian information criterion | 表 12.5 を参照 |
| Additional Output(追加出力) | | |
| Residuals observed correlation matrix | 残差観測行列 | 値が大きい箇所は 不適合の原因。 |
| Modification indices | 修正指標 | 指定した値以上の 数値を赤で表示。 値が大きい箇所が 不適合の原因。 |
| Path diagram | パス図 | 指定したモデルの パス図を描画。 |

図 12.6: 確認的因子分析の指定

## 12.6　確認的因子分析の結果の解釈

　図 12.7 には因子負荷量と検定統計量が示されています。「Estimate」に標準化されていない因子負荷量が示されていますが，レポートや論文で報告する場合には標準化された因子負荷量の「Stand. Estimate」の値を報告します。負荷量の「SE(標準誤差)」と「95% Confidence interval(95%信頼区間)」が示されています。「$Z$」は検定統計量で $Z = Estimate/SE$ です。確率は「$p$」に示されており，.05 未満なら，その負荷量は有意に 0 ではないことを示します。

　図 12.8 にはモデルの適合度の結果が示されています。「Test of Exact Fit(適合度検定)」は $\chi^2$ 検定でモデルとデータの食い違いを検定しています。ここでは $p < .001$ とあるので，有意差がありということになります。しかし，データ数が多いと $\chi^2$ 検定は有意差を検出しやすくなるので，他の適合度も検討します。CFI や TLI の適合度統計量は 0.9 以上で許容，0.95 以上で良いモデルとする基準で判断すると，いずれも 0.9 にも届いていませんので，適合していないことになります。SRMR や RMSEA の基準も 0.05 未満が良い基準なので，これも適合していないことを示しています。RMSEA の信頼区間をみても，0.05 が区間内にありません。AIC や BIC は他のモデルとの比較でしか意味を持ちませんので，ここでの値は直接判断はできません。これらの結果はモデルとデータが適合していないことを示しています。

## Confirmatory Factor Analysis

Factor Loadings

| Factor | Indicator | Estimate | SE | 95% Confidence Interval | | Z | p | Stand. Estimate |
|---|---|---|---|---|---|---|---|---|
| | | | | Lower | Upper | | | |
| Factor 1 | 分かりやすい | 0.924 | 0.135 | 0.660 | 1.188 | 6.85 | < .001 | 0.634 |
| | 自己向した | 0.765 | 0.102 | 0.565 | 0.965 | 7.50 | < .001 | 0.678 |
| | 予習した | 1.207 | 0.118 | 0.977 | 1.438 | 10.25 | < .001 | 0.865 |
| Factor 2 | コミュ向上した | 0.601 | 0.119 | 0.367 | 0.835 | 5.03 | < .001 | 0.508 |
| | 輪が広がった | 0.724 | 0.131 | 0.467 | 0.980 | 5.53 | < .001 | 0.552 |
| | 楽しい | 1.090 | 0.126 | 0.844 | 1.336 | 8.67 | < .001 | 0.767 |

図 12.7: CFA 負荷量

　「Modification Indices(修正指標)」には，不適合の原因を示唆してくれます。値の大きなものをみると「楽しい」が極めて大きな値なので，モデルに加えるべきか検討することになります。

　ここでは示しませんが，残差相関について修正指標も出力できますので，モデルで共分散を指定することが適切だったかどうかを検討できます。

　「Plots」の「Path diagram」でモデルを図示表示できますので，自分の指定したモデルを確認することができます。図 12.1 にある確認的因子分析に似た結果が表示されますが，図 12.9 とは若干の違いがあります。jamovi の確認的因子分析ではデフォルトで因子間に相関を想定しますので，因子間には双方向の矢印が結ばれたパス図が表示されています。

## Model Fit

Test for Exact Fit

| $\chi^2$ | df | p |
|---|---|---|
| 35.4 | 8 | < .001 |

Fit Measures

| CFI | TLI | SRMR | RMSEA | RMSEA 90% CI | | AIC | BIC |
|---|---|---|---|---|---|---|---|
| | | | | Lower | Upper | | |
| 0.882 | 0.779 | 0.0732 | 0.178 | 0.121 | 0.240 | 2015 | 2066 |

## Post-Hoc Model Performance

### Modification Indices

Factor Loadings – Modification Indices

| | Factor 1 | Factor 2 |
|---|---|---|
| 分かりやすい | | 0.8845 |
| 自己向した | | 0.0545 |
| 予習した | | 1.8506 |
| ゴミ1向上した | 2.76 | |
| 輪が広がった | 3.81 | |
| 楽しい | 24.07 | |

図 12.8: CFA 適合度

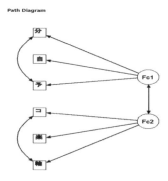

図 12.9: パス図 1

# 参考文献

[1] 小野寺 孝義・山本 嘉一郎 (2004). SPSS 事典 BASE 編　ナカニシヤ出版

[2] 服部 環 (2011). 心理・教育のための R によるデータ解析　福村出版

[3] Hendrickson, A. E., & White, P. O. (1964). PROMAX: A Quick Method for Rotation to Oblique Simple Structure. *The British Journal of Statistical Psychology, 152,* 65-70.

[4] 堀 啓造 (2005). 因子分析における因子数決定法 ―平行分析を中心にして―　香川大学経済論叢, 77(4).

[5] Kiers, H. (1994). Simplimax: Oblique rotation to an optimal target with simple structure. *Psychometrika, 59*(4), 567-579.

[6] 芝 祐順 (1983). 因子分析法 (第 3 版)　東京大学出版会

[7] 柳井 晴夫・繁桝 算男・前川 眞一・市川 雅教 (1990). 因子分析 ―その理論と方法―　朝倉書店

# メタ分析と効果量

　メタ分析は多くの研究結果を統合するための分析法です。心理学のように人間を対象とする研究では多くの誤差がデータに含まれます。ある研究で有意な差が得られたとしても，別な研究では有意差なしということもありえます。もしかするとまったく逆の方向に有意差がありという結果さえあるかもしれません。このような再現性の低さは大きな問題です。

　さらに問題なのは単なる誤差というよりも故意に結果が歪められていることもあることです。2017 年 6 月 3 日の朝日新聞 Degital に「たばこ産業の助成受けた論文はＮＯ！　学会で動き相次ぐ」という記事が載りました。そこでは日本疫学会が「たばこ産業から資金提供を受けた投稿や発表は受け付けない」との項目を規定に追加したことが記されています。「たばこ産業が学術活動を装い，健康被害に関する誤った認識を広めてきた」ことを問題視したためとされています。たばこ産業が科学と科学者を利用し，たばこの危険性を人々にどう打ち消そうとしてきたのかはムカジーの書いた『がん－4000 年の歴史－』の下巻に詳しく載っています。たばこに限らず，放射能被害，原発の災害対策，薬害，地球温暖化まで，産業界や政治と結びついて経済的利益のためだけに科学的結果を歪めたり，過小に評価しようとする動きは常にあるのです。見過ごした結果は甚大で大きな悲劇を生むことはご承知のとおりです。メタ分析を行うことで，ある研究，あるいは研究群が他と異質であることを見つけ出すこともできます。

　他にはメタ分析で研究者が想定していなかった重要な要因を見つけ出す可能性があります。1 つの研究で取り上げることができる要因は限られています。重要な要因が抜け落ちているかもしれません。しかし，多くの研究を統合することで，その穴を埋めることができるのです。

　海外ではメタ分析は現象解明の最後の段階であり，決め手とも呼べる存在です。心理学が扱っている現象は不安定で誤差を多く含み，1 つの研究で何かを断言するには再現性が低すぎるのです。つまり追試が欠かせません。多くの追試や類似研究を含めたメタ分析の結果で初めて何かが言えるということです。

　残念ながら，ほとんどメタ分析だけが投稿されるジャーナルがある海外と比べて，日本でのメタ分析研究は数が多くありません。原因はいくつか考えられますが，国内に限ると類似の研究が数少なく，世界まで広げると英語が壁となること，他の人

の研究を統合して自分の研究にすることへの抵抗感，メタ分析が大学の正規の授業
で十分に教えられていないことなどがあるのかもしれません。卒業論文で普通にメ
タ分析が行われるようになれば，近い将来，その様相も変わってくるかもしれませ
ん[21]。卒業論文は現状では大学での学修の集大成として学びをチェックする教育と
いう側面で捉える教員が多く，新たな科学的発見をするとか，科学を前進させると
いう本当の意味での論文を目指すという姿勢は希薄になりがちです。当然，その姿
勢は学生にも伝わり，新たな発見をするというエキサイティングな経験を学生から
奪ってしまいます。もちろん，大学卒業段階で科学者と同じ水準を求めても，知識
や経験が不足しているため，十分に吟味された研究に至らないという点は大きいで
しょう。しかし，英語に怯まなければ，多くの研究者のすぐれた研究結果という巨人
の肩に乗って世界で初めての知見を生み出すことも十分できるのです。ただし，メ
タ分析といってもどこに目をつけるか，どう論文を選ぶかなど分析者のセンスが重
要になるのはもちろんです。

　メタ分析で報告すべきことはアメリカ心理学会がMARS(Meta-Analysis Reporting
Standards) 基準として Publication Manual にも載っています。日本語では山田・井
上 (2012) が参考になります。

　jamovi にはカリフォルニア大学の Hamilton, W. K. が開発したメタ分析モジュー
ル「MAJOR」を組み込むことができます。インストールには jamovi のメニューの
「Modules」から「jamovi library」を選び，「MAJOR」を組み込むだけです。成功す
れば「MAJOR」のアイコンがメニューに追加されます。

## 13.1　メタ分析の考え方

　メタ分析の考え方は研究の統合です。量的な研究はほとんどの場合，統計検定の
結果を報告します。しかし，統計検定には種類が多くあります。分散分析で報告し
ている場合もあれば，$\chi^2$ 検定，$t$ 検定，相関係数，$Z$ 値の検定のこともあるかもし
れません。それらの異なる統計量を共通の比較可能な土俵に持ってくることを考え
るのです。

### 13.1.1　メタ分析のデータ

　通常の研究では自分で調査や実験を行ってデータを収集することが多いはずです。
メタ分析では必ずしも自分の研究がそこに含まれている必要はありません。むしろ，
含まれていないことが普通でしょう。

---

[21]コロナ禍のように自らデータを収集することが困難な状況が生じれば，メタ分析も研究の有力な選
択肢になるはずです。

　メタ分析のデータ収集は論文データベースで行うことがほとんどです。心理学系の論文資料の抄録を載せている PsycINFO や論文の全文 PDF が得られる PsycARTICLES，教育系では ERIC があります。これらのデータベースが利用できない環境なら，Google Scholar を使うことも考えられます。国内の論文なら CiNii や J-Stage が利用できます。

　ただし，同じ主題の研究だとしても，まったく同じということはまれで，被験者が異なっていたり，付加的な要因が加わっていたり，方法が異なっていたりすることもあるでしょう。ここで重要なのは，比較が可能な研究だけを選び出すということです。この基準を適格性基準と呼びます。詳細は岡田・小野寺 (2018) や山田・井上 (2012) を参照してください。ここの手順や基準が公開されておらず，妥当でないと「リンゴとオレンジ問題」と呼ばれる，比較できないものを比較しているという批判を受けてしまいます。

　比較可能な研究が集まったら，それを分類，数値化して共通の比較基準に変換し，全体を統合した結果を求めます。こうすることで，一見矛盾しているような結果が全体として見て有意なのか，そうではないのかを判断できるようになります。場合によっては矛盾に見えた結果を説明する要因 (時代の変化，被験者の特性差，被験者数，査読の有無など) が見つかるかもしれません。

　メタ分析にはものすごい数の研究を含めなくてはいけないと思いがちです。「いくつ論文があればメタ分析はできますか？」と聞く人もいます。その答えは 2 つ以上です。これはメタ分析を平均に置き換えて考えるとわかりやすいでしょう。「いくつデータあれば平均は求められますか？」と聞かれれば，誰しもが 2 つ以上と答えるでしょう。ただ，分析できるということと結果が信頼できるかどうかは別な話です。2 つの研究を統合したメタ分析と 50 の研究を統合したメタ分析では後者の方が信頼性が高いでしょう。ここで言いたいのは数が多ければ良いということではありません。少なくてもメタ分析は可能だと言っているだけです。実際，数がすべてというわけではありません。精選された少数の研究のメタ分析と雑に選ばれた多数のメタ分析の結果では，前者の方が正しい結果を導き出すことでしょう。

## 13.2　効果サイズ (効果量)

　適切に比較可能な研究が集められ，コーディングが行われれば，共通の指標で比較することになります。ここで言う共通の指標は様々考えられています。主なものとして効果サイズが挙げられます。

　効果サイズとは実際の効果の大きさを意味します。統計検定では有意差を判断するために確率の $p$ 値を求めます。この $p$ 値を使えばよいと思うかもしれませんが，$p$ 値はデータ数に影響を受け，データ数が多くなると小さくなる，言い換えれば有意

差を検出しやすくなります。これは当然で，データ数が多くなれば真の値に近づきます。ところが真の値では最初から差があるのです。

　例えば，男女の知能の差を調べた研究があったとしましょう。統計では標本から母集団を推測しようとするわけですが，ここで母集団の値が得られたとしたらどうでしょう。つまり，ひとり 1 人すべての女性の知能指数とすべての男性の知能指数を調べるわけです[22]。仮にこれが可能としたときに，男性と女性の知能指数が完全に一致することがありえるでしょうか。わずかな差が出るはずです。つまり，差があるということです。結局のところ，突き詰めていくとこの世にまったく同じものはありません。限りなく母集団に近づくほどデータ数を増やしていくと簡単に $p = .01$ は得られるのです。ですから，$p$ 値を効果の強さと見なすことはできませんし，単純に比較するのも無意味です。現在の心理学でも $p$ 値だけの報告はしないように提言がなされています。

　では $p$ 値が使えないなら，代わりになる効果の大きさを示す指標は何でしょうか。それが効果サイズ (effect size) です。効果サイズは実際の効果の大きさを示す指標なので，$p$ 値のようにデータ数でかさ増しされた見かけの有意差になることはありません。大きく分けると 2 種類があり，それは平均差の効果サイズ ($d$ 族の効果サイズ) と相関係数の効果サイズ ($r$ 族) の効果サイズです。平均差の効果サイズは 2 群の比較で効果の平均の差を標準誤差で割った値になります。ただ，標準誤差をどう計算するかで幾つかの種類があります。相関係数の効果サイズは相関係数そのものなので，数値の把握はなじみ深いでしょう。

　効果サイズが推定できれば，実験や調査で有意差を検出するのに十分な必要データ数を求めることもできます。jamovi には「jpower」というモジュールが用意されています。

## 13.3　メタ分析の指定法

　表 13.1 には jamovi で利用できるメタ分析のメニューを示しています。jamovi では相関係数，平均差の分析に加えて 2 値モデルの分析や比率の分析，信頼性の一般化分析ができます。加えてベイズ・メタ分析ができます。

　ここでは，平均差 (表 13.2) と相関 (表 13.3) の 2 つのデータ例を示します。データは通常の行が 1 ケースで列が変数とは違い，1 ケースが 1 つの研究という並びになります。平均差のメタ分析で最低限必要なの ID となる文字データ (例えば，研究名や著者名など) と比較する 2 群のデータ数，平均，標準偏差です。

---

[22]現実には，これは不可能です。経済的にも時間的にも無理ですし，現実的でもありません。すべてには乳幼児から知能検査を受けられない重篤な病気の人もいるでしょう。検査を実施している間にも人は産まれ，死んでいきます。すべてはありえないのです。

表 13.1: 指定できるメタ分析とオプション

| オプション | 意味 | 説明 |
|---|---|---|
| Meta Analysis(メタ分析) | | |
| Correlation Coefficients | 相関係数 | |
| Dichotomous Models | 2値モデル | オッズ比, リスク比 |
| Effect Sizes and Sampling Variances | 効果サイズと標本分散 | |
| Mean Differences (n, M, SD) | 平均差 (人数, 平均, 標準偏差) | |
| Proportions | 比率 | |
| Reliability Generalization | 信頼性一般化分析 | |
| Bayesian Meta Analysis(ベイズ・メタ分析) | | |
| Correlation Coefficients | 相関係数 | |
| Mean Differences | 平均差 | |

表 13.2: 平均差研究のメタ分析データ例 (架空)

| No | ID | 実験群 人数 | 実験群 平均 | 実験群 SD | 統制群 人数 | 統制群 平均 | 統制群 SD |
|---|---|---|---|---|---|---|---|
| 1 | 佐藤 (1998) | 32 | 56.5 | 10.2 | 35 | 52.3 | 9.8 |
| 2 | 鈴木 (2005) | 51 | 63.2 | 11.3 | 56 | 60.3 | 10.1 |
| 3 | 高橋 (1978) | 102 | 66.5 | 12.3 | 96 | 50.2 | 13.6 |
| 4 | 田中 (2010) | 210 | 62.2 | 10.6 | 195 | 60.7 | 18.5 |
| 5 | 伊藤 (2008) | 28 | 50.3 | 15.2 | 26 | 53.2 | 16.9 |
| 6 | 山本 (2012) | 48 | 55.6 | 13.2 | 45 | 51.6 | 10.5 |
| 7 | 中村 (2020) | 150 | 57.8 | 14.5 | 120 | 59.2 | 17.8 |
| 8 | 小林 (1990) | 65 | 45.5 | 9.8 | 60 | 45.2 | 8.9 |
| 9 | 加藤 (1969) | 85 | 50.6 | 18.2 | 77 | 48.6 | 15.6 |
| 10 | 藤本 (1985) | 69 | 51.2 | 13.2 | 70 | 45.2 | 11.7 |

表 13.3: 相関研究のメタ分析データ例 (架空)

| No | ID | 相関係数 | データ数 | 発行年 (媒介変数) |
|---|---|---|---|---|
| 1 | Cochran | 0.94 | 120 | 1965 |
| 2 | Fisher | 0.74 | 105 | 1942 |
| 3 | Snedecor | 0.93 | 150 | 1959 |
| 4 | Neyman | 0.81 | 89 | 1945 |
| 5 | Dobson | 0.88 | 67 | 1998 |
| 6 | Cohen | 0.92 | 82 | 1995 |
| 7 | Gosset | 0.75 | 132 | 1943 |
| 8 | Kendall | 0.69 | 96 | 1935 |
| 9 | Mosteller | 0.85 | 78 | 1975 |
| 10 | Rao | 0.76 | 66 | 1956 |

　次に示すのは相関のメタ分析のデータ例です。相関係数とデータ数が最低必要です。ここではそれに加えて，媒介変数 (Moderator) として発行年を入れた例です。媒介変数を指定する場合には「Model Options」の「Moderator type」で媒介変数が連続変数かカテゴリカル変数かを指定してください。そうしないと「y is empty or has only NAs」というエラーがでます[23]。

　図 13.1 に 2 つの分析の指定例を示しています。

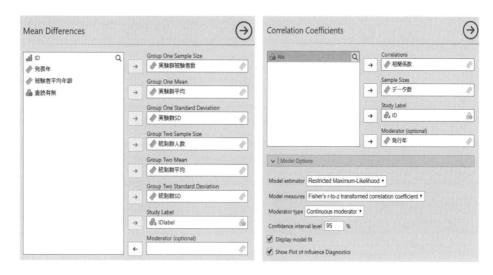

図 13.1: メタ分析の指定 (平均差 (左) と相関 (右))

　MAJOR のメタ分析で指定できる推定法や効果サイズの計算法，プロットは様々なものが選べます。ここでは主なものだけを出力させ，簡単に解説します。詳細は山田・井上 (2012)，岡田・小野寺 (2018) を参照してください。

## 13.4　メタ分析の結果の解釈

　図 13.2 には平均差の結果が示されています。「Estimate」(推定値) は 0.278,「se」(標準誤差) は 0.132 で，検定統計量の「Z」は (推定値/標準誤差=0.278/0.132) で 2.11 となっています。$p$ 値は 0.02 なので推定値は有意に 0 ではないことを示しています。

---

[23]他に変数を操作していて削除や追加を繰り返しているうちに jamovi のデータ画面には見えない空のデータセルができてしまうことがあり，それが原因で MAJOR でエラーがでることがあります。対処法はデータをいったん，Excel データとして出力して空のセルを削除したきれいなデータセットを作成して読み直すことです。

　「Heterogeneity Statistics」(異質性統計量) はメタ分析で問題になりがちな，リンゴとオレンジ問題を検討するための統計量です。簡単に言えば，別な種のリンゴとオレンジを一緒に比較していないかということです。それを示す統計量として $I^2$ や Cochran の $Q$ 検定などがあります。$I^2$ の値が大きかったり，$Q$ 検定が有意なら同質とは言えないことになります。ここでの結果は同質とは言えないことを示しています。

　jamovi のメタ分析でおもしろいのは図 13.2 のように文章で結果の説明や解釈が示されるものがあることです。英語ですが，それを読むことで結果の解釈ができます。図 13.3 は 10 の研究をプロットしています。

## Meta-Analysis

Random-Effects Model (k = 10)

|  | Estimate | se | Z | p | CI Lower Bound | CI Upper Bound |
|---|---|---|---|---|---|---|
| Intercept | 0.278 | 0.132 | 2.11 | 0.035 | 0.020 | 0.535 |
|  | . | . | . | . | . | . |

*Note.* Tau² Estimator: Restricted Maximum-Likelihood

[3]

Heterogeneity Statistics

| Tau | Tau² | I² | H² | R² | df | Q | p |
|---|---|---|---|---|---|---|---|
| 0.374 | 0.1397 (SE= 0.0813 ) | 84% | 6.249 | . | 9.000 | 58.544 | < .001 |

A meta-analysis was conducted (k=10). The average difference between the two groups was g = 0.28, (p = 0.035, 95% CI [0.02, 0.54]).

A Cochran's Q test was conducted to examine whether variations in the observed effect are likely to be attributable soley to sampling error (Q~(df=9)~=58.54, p=<.001. The variation in the effect is greater than would be expected from sampling error alone. It appears that the true effect varies betweeen studies.The I^2^ statistics indicates the proportion of variance in the observed effect attributable to sampling error. In this instance, the I^2^ =84%.Note, this statistic is not an absolute measure of heterogeneity (although it is often interpreted as such). It is strongly advise against using rules of thumb such as small, medium, or large when interpreting I^2^ values. Instead, researchers increasingly argue that the information provided credibility or prediction intervals is more useful in understanding the heterogeneity of true effect sizes in meta-analysis.In this instance the 95% credibility intervals are-0.5,1.05. That is, it is estimated that 95% of true effect sizes fall between g=-0.5 and g=1.05.

図 13.2: 平均差の結果

　横軸には効果量，横に伸びている線は信頼区間，真ん中の四角は点推定で四角の大きさはデータ数を反映しています。データ数が大きいほどより真値に近づいていることが期待されるので重要な情報です。一番下に菱形のように示されものが 10 の研究が統合された結果で，その幅は信頼区間を示しています。どの研究が似ており，

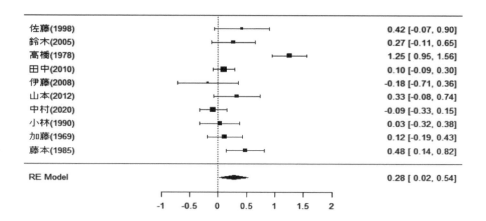

Publication Bias Assessment

| Test Name | value | p |
|---|---|---|
| Fail-Safe N | 86.000 | < .001 |
| Kendalls Tau | 0.156 | 0.601 |
| Egger's Regression | −0.128 | 0.898 |
| Trim and Fill Number of Studies | 3.000 | . |

*Note.* Fail-safe N Calculation Using the Rosenthal Approach

図 13.3: フォレスト・プロット (森プロット) と出版バイアス

どれが異質かを検討できます。

「Publication bias Assessment」(出版バイアス) にはお蔵入り問題と呼ばれる問題を検討する指標が示されています。お蔵入り問題とは公表された有意な結果の研究の背後には，机の引き出しの奥にお蔵入りしている有意ではない数多くの研究があるのではないかという疑問のことです。つまり，有意差があったという報告は，非常に多くの研究が行われた結果として偶然に生じた差に過ぎず，たまたまだという批判が成立するかもしれないということです。

「Fail-Safe N」の「value」は，有意ではないお蔵入りした研究数がどれほどあるかを推定しています。ここでは 86 とあるので，86 の有意ではない研究が背後にあれば，この研究の有意差は打ち消されることになります。もちろん，この値が大きければ現実的ではない，つまりそんなに研究が行われているはずがないので，この研究の有意差はたまたま有意なものが報告されているわけではないと言うことができます。

相関研究の結果も同様に解釈できます。ただ，図 13.1 で媒介変数 (Moderator) として発行年を指定しているので媒介変数の効果も検討できます。

# 参考文献

[1] ムカジー，S. (2016). がん —4000 年の歴史— 下　ハヤカワ文庫 NF

[2] 岡田 涼・小野寺 孝義 (編) (2018). 実践的メタ分析入門：戦略的・包括的理解のために
　　ナカニシヤ出版

[3] 山田 剛史・井上 俊哉 (編) (2012). メタ分析入門：心理・教育研究の系統的レビューのために
　　東京大学出版会

# ベイズ統計

　近年，ベイズ統計学は無視できないものになってきました。2 章の統計学史で見たとおり，かつてはベイズの定理は近代統計学を打ち立てた Fisher にも Neyman にも激しく批判されてきたものでした。批判された大きな要因は確率の考え方にあります。学者の間に確率の定義に関して論争があるなどとは人は思いもよらないかもしれません。確率というとサイコロを思い浮かべ，1 の目がでるのは全部の 6 通りに対して 1 つなので 1/6 というのが確率だと考える人がほとんどでしょう。このような考え方は頻度的な確率の定義で，客観的確率と呼びます。それに対して確率を確からしさと定義する立場があり，そのような確率を主観的確率と呼ぶのです。確率を確からしさと定義すれば，そこには人の期待や信念も含めることができます。

　ベイズの定理ではこの主観的確率を使います。ですから，それは科学的な客観性とは相容れないとして長い間，批判されたり，無視されてきたのです。ベイズの定理が復活を遂げた道のりについてはマグレイン (2013) の『異端の統計学ベイズ』という優れた本がありますので，そちらを読んでみてください。

## 14.1　ベイズの定理

　ベイズの定理は次の式で表現できます。

$$P(A|B) = \frac{P(B|A)P(A)}{P(B)} \tag{14.1}$$

　ここで $P(\ )$ とは確率 (probability) を意味します。ですから $P(A)$ や $P(B)$ は，それぞれ $A$ が生じる確率，$B$ が生じる確率という意味になります。$P(A|B)$ のように縦棒で区切ると，これは条件付き確率を表します。例えば，$P(A|B)$ なら $B$ が生じたという条件のもとで $A$ が生じた確率を意味することになります。

　ここで $P(A|B)$ は事後確率 (posterior probability)，$P(A)$ は事前確率 (prior probability) と呼びます。

## 14.2　ベイズ統計学の基本

　ベイズの定理を拡張して確率を分布に置き換えることを考えます。事前確率は事前分布，事後確率は事後分布ということになります。確率は離散的な値でしたが，連続的な分布として扱うためには 1 点ではなく，幅をとって面積で考えていく必要があります。$D$ をデータ，$\theta$ を分布を示す母数 (パラメータ) とします。そうすると $P(B)$ とは得られたデータ (標本) に対応するので $f(D)$，$P(A)$ は事前分布となるので母数からなる関数 $f(\theta)$ となります。事後確率 $P(A|B)$ は $f(\theta|D)$ となり，データ $D$ が得られたときに，それが母数 $\theta$ の分布から得られた確率となります。$P(B|A)$ は $f(D|\theta)$ となり，これは母数 $\theta$ の分布を前提としたときにデータ $D$ が得られる尤もらしさ (可能性の高さ) を表しているので尤度と呼びます。

　記号もそれに合わせて変更すると表 14.1 は次のようになります。

表 14.1: ベイズ確率とベイズ統計学

| ベイズ確率 | ベイズ統計学 |
|---|---|
| 離散的 | 連続的 |
| 事後確率　$P(A|B)$ | 事後分布　$f(\theta|D)$ |
| $P(B|A)$ | 尤度　$f(D|\theta)$ |
| 事前確率　$P(A)$ | 事前分布　$f(\theta)$ |
| 観測された確率　$P(B)$ | 観測されたデータの確率　$f(D)$ |
| $P(A|B) = \frac{P(B|A)P(A)}{P(B)}$ | $f(\theta|D) = \frac{f(D|\theta)f(\theta)}{f(D)}$ |

　ここで分母の $f(D)$ は観測されたデータの確率で，周辺尤度 (marginal likelihood) とも呼ばれます。これは事後分布の面積が 1 になるように規格化 (正規化) する働きをします。そして，$\theta$ が含まれないので $\theta$ に対して定数とみなすことができます。定数なら計算して求めればよいはずなのですが，実際には求めるのが難しいことが多いのです。そこで，定数に相当する $f(D)$ を省略し，等号 (=) の代わりに比例関係を表す $\propto$ を使うという発想が湧きます。完全一致の = ではなくても比例関係さえ保たれていれば，どのように拡大・縮小されても十分な情報が得られるからです。

$$\text{事後分布} = \frac{\text{尤度} \times \text{事前分布}}{f(D)} \Rightarrow \text{事後分布} \propto \text{尤度} \times \text{事前分布} \tag{14.2}$$

　こうして，もともとのベイズの確率の定理は統計分布へ拡張されたことになります。もし，事前分布がわかれば事後分布を求めることができるということです。1 つの問題はここで，事前分布はどう決めればよいのかということにあります。ベイズが批判されてきた主観的確率の主観の問題がここに出てきます。事前分布をどう仮定するかについて絶対に正しい答えがあるわけではないので分析者の主観を入れる

ことができるのです。これは統計学が客観的で厳密であるべきだと考える人たちにとっては受け入れがたいことだったのは想像に難くありません。これについての1つの解決法は，事前分布がわからないなら生起確率は同じと見なすという考えがあります。確率の場合ならすべてを等確率，分布なら一様分布を仮定するということです。この根拠のことを「理由不十分の原則」と呼びます。しかし，いつでも一様分布を仮定しなくてはならないというわけではありません。まったく情報がないわけではない状況はいくらもあります。たとえ，それが研究者の過去経験から来る知識や勘だとしても利用できるかもしれません。

### 14.2.1　MCMC

　ベイズ統計学で問題になるのは分布面積を求めることの困難さでした。そこで乱数を利用して分布を構成する MCMC の応用が考えられました。MCMC はマルコフ連鎖モンテカルロ法の略です。マルコフ連鎖は，ロシア人の数学者 Andrey (Andrei) Andreyevich Markov(1856–1922) から名前をとっています。時系列で次の結果が現時点の結果のみに依存しているようなプロセスのことを指します。ある条件のもとでマルコフ連鎖は反復を繰り返すと定常状態に収束します。つまり，もういくら反復しても結果が変わらない安定した解に至るということです。モンテカルロ法はカジノで有名なモナコ公国の中心市街地モンテカルロから示唆を得て，最終的に John von Neuman が命名したと言われていますが，乱数によって面積を求める方法で第二次世界大戦の頃には使われていました。マルコフ連鎖 (MC) とモンテカルロ法 (MC) を結びつけて MCMC と呼ばれます。MCMC といっても1つの方法というわけではなく，いろいろな手法が提案されており，その総称が MCMC です。

　このようにベイズ統計で MCMC を使う場合には，たくさんの乱数を発生させ分布を構成することになります。事前分布を仮定して，乱数で面積を求めて事後分布を作り，その事後分布を事前分布に置き換えて計算して事後分布を構成，次にその事後分布を事前分布にして … と反復していくと計算が収束して1つの分布に決まるというのが MCMC のイメージです。もちろん，常に収束するという保証はありません。従来の統計学の考え方では代表値や検定統計量という単一の値を求めることが主眼だったのに対してベイズ統計学では分布自体が創り出されることになります。

## 14.3　jamovi のベイズ統計

　ベイズ統計分析に力を入れた JASP と呼ばれる無料のプログラムがあり，その開発者チームには jamovi の開発者メンバーもいます。このような背景のもと jamovi でも JASP 同様のベイズ統計分析が使えるようになりました。JASP と jamovi は見

た目も使い方も似ており，ファイルの互換性もあります。ただ，今のところ JASP では変数の加工ができませんし，変数名やデータに日本語があると文字化けしてしまいますのでベイズ統計が使えるようになった今，jamovi よりも JASP を選ぶ意味は薄いのですが，分析法や出力に違いがあるところもあります。興味のある方は JASP も試してみるとよいでしょう。

　jamovi でベイズ統計を出力させるようにするにはモジュール「jsq–Bayesian Methods」をインストールします。インストールしても分析アイコンにベイズ統計が加わるわけではありません。しかし，T-Tests($t$ 検定)，ANOVA(分散分析)，Regression(回帰分析)，Frequencies(度数分析) を実行してみると分析メニューの下に「Bayesian」が頭に付いた分析が追加されているのがわかるはずです。

## 14.3.1　ベイズ統計の分析指定

　基本的な変数の指定の仕方は伝統的な分析法とほぼ同じです。それ以外の統計量や出力は分析次第で様々です。しかし，Bayes Factor(ベイズ因子) は共通しており，伝統的な分析では見かけないかもしれません。「$BF_{10}$」と「$BF_{01}$」が選択できるようになっていますが，ベイズ因子とはモデルを比較した統計量です。添え字の 10 と 01 は数字というより記号で，単にモデル 1 とモデル 0 を意味しています。例えば，「Order」で「Compare to null model」(帰無仮説モデルとの比較) にチェックを入れると，最初に変数に効果がないという帰無仮説モデルを同じ帰無仮説モデルと比較した値が $BF_{10}$ に示されます。ここでの比較というのは比をとることです。言い換えると (帰無仮説モデル/帰無仮説モデル) の計算をしているということです。同じモデルの比ですから，当然 1 になります。次に帰無仮説と比較した他のあるモデルの値が示されます。この値が例えば，5 となったとすると (他のあるモデル/帰無仮説モデル) ＝ 5 ということです。つまり，他のあるモデルは帰無仮説モデルよりも 5 倍もっともらしいということになります。ここで「$BF_{10}$」ではなく，「$BF_{01}$」にチェックを入れると 5 は 0.2 という値に変わります。これは比を逆転させて (帰無仮説モデル/他のあるモデル) の計算結果を表示させるということです。

$BF_{10}$　あるモデル：帰無仮説モデル ＝ 5：1

$$\Updownarrow$$

$BF_{01}$　帰無仮説モデル：あるモデル ＝ 0.2：1

　つまり，どちらを 1 の基準として表示するかの違いです。あるモデルを 1 と基準化すれば 1/5 ＝ 0.2 となって下の式の値になることがわかりますし，逆も同様です。

帰無仮説ではなくて最も適合の良いモデルと比較したいという場合には「Order」で「Compare to best model」(最適モデルとの比較) にチェックを入れます。

　変数の効果を検討するときに伝統的な検定では $p$ 値に関心が向いてました。それに対してベイズ統計では Bayes Factor(ベイズ因子) が関心の対象になります。ただし，$p$ 値のように 0.05 未満か以上かで有意差がありか，なしかのような判断はしません。Bayes Factor(ベイズ因子) は連続量であって明確な境界線はありません。とはいえ，jamovi のベイズ $t$ 検定では頑健性のチェックを出力できますが，そこでは $BF_{10}$ が 1 から 3 は「Anecdotal」(弱い証拠)，3〜10 は「Moderate」(中程度の証拠)，10〜30 で「Strong」(強い証拠) とプロットに表示されます。数値がもっと大きくなればなるほど決定的な証拠に近づくことになります。いずれにせよ，値が 1 であればモデルがまったく支持されないのは明らかですし，3 以下ではモデルは支持されたとは言えないでしょう。

　他には「Prior」(事前確率・事前分布) の指定があります。例えば，$t$ 検定では Prior のタブで Default(Cauchy) の Scale(0.707) にチェックが入っています。これはデフォルトでは事前分布に Cauchy 分布 (コーシー分布) が指定されること，Scale(分布のパラメータ) は $0.707(= 1/\sqrt{2})$ を指定していることを示しています。デフォルト以外にも $t$ 検定では「Informative」にチェックを入れることでパラメータの違う Cauchy 分布 (コーシー分布) や「Normal」(正規分布)，「$t$」($t$ 分布) を選択できます。例えば，「Normal」で正規分布を指定した場合，「Location」(位置パラメータ) は平均，「Scale」は分散になります。つまり，「Location」を 0，「Scale」を 1 にすれば平均が 0 で分散が 1 の正規分布 $N(0, 1)$ を指定したことになります。$t$ 分布の場合には分布形状を規定するのに，さらに自由度のパラメータが必要なので「df」(自由度) で自由度が指定できます。指定できる事前分布や事前確率は分析ごとに種類があり，Regression(回帰分析) では「Beta binomial」(ベータ 2 項分布)，「Bernoulli」(ベルヌーイ分布)，「Uniform」(一様分布) が指定できます。あまり指定の自由がない分析法もありますが，基本的には「Prior」にデフォルトで指定されているパラメータのままが適切で，変更する場合にはそれなりの根拠があるときに限ると思っておけばよいでしょう。

　それ以外に「Contingency Tables」(クロス表分析) の「Bayesian Contingency Tables」ではサンプリングとして表 14.2 の 5 つが指定できます。

　このサンプリングはクロス表のデータがどのように得られたものかを示すものです。例えば，全度数に何の制約もなく，ただ観察されたデータなら「Poisson」を選択するかもしれません。一方，実験的な研究で各変数の被験者合計数を 100 人と決めて採ったデータなら「Hypergeometric」がよいかもしれません。あるいは列を性別変数として男女 50 名ずつを被験者としてデータを得たとしましょう。列の合計は 100 と固定されていますが，他方の変数は統制できないなら独立多項分布 (列固定) を選択することになるかもしれません。詳細は Jamil et al.(2017) を参照してください。

表 14.2: ベイズ・クロス表分析のサンプリング

| Sampling の指定 | 意味 | 内容 |
|---|---|---|
| Poisson | ポアソン分布 | 各セル度数は独立に<br>ポアソン分布に従う。 |
| Joint multinomial | 同時多項分布 | 全合計は固定。<br>セル度数は<br>同時多項分布に従う。 |
| Indep. multinomial,<br>rows fixed | 独立多項分布<br>(行固定) | 行合計は固定。<br>セル度数は<br>同時多項分布に従う。 |
| Indep. multinomial,<br>columns fixed | 独立多項分布<br>(列固定) | 列合計は固定。<br>セル度数は<br>同時多項分布に従う。 |
| Hypergeometric<br>(2×2 only) | 超幾何分布<br>(2×2 表のみ) | 行と列の合計は固定。<br>セル度数は<br>非心超幾何分布に従う。 |

## 14.3.2　ベイズ統計の出力の見方

　ベイズ統計の出力は従来のそれとは異なります。従来なら，$p$ 値が関心の焦点だったかもしれませんが，どこにも $p$ 値は出力されません。ここでは独立なサンプルの $t$ 検定と分散分析の結果を示しておきます。

　$t$ 検定で 2 つの教授法が成績に効果があるかを検討したとしましょう。図 14.1 には上に伝統的 $t$ 検定の結果，下にベイズ $t$ 検定の結果を示しています。ベイズ $t$ 検定では「BF$_{10}$」と「error ％」が表示されているだけです。伝統的な $t$ 検定でも「Bayes Factor$_{10}$」が表示されており，それは「BF$_{10}$」と同じ値です。実は伝統的な $t$ 検定でも「Bayes Factor」(ベイズ因子) というチェックができ，「Prior」に 0.707 とあるので事前分布をパラメータ 0.707 のコーシー分布としたベイズ分析結果が出力されます。ただ，伝統的な分析ではパラメータは変更できてもコーシー分布以外は選択できませんが，ベイズ分析では正規分布や $t$ 分布も選択できます。「BF$_{10}$」(ベイズ因子) で 3.81 となっているので教授法があるモデルと教授法がないモデルでは教授法があるモデルの方が 3.81 倍もっともらしいということを意味します。「error ％」は計算誤差の推定値です。ベイズ統計ではシミュレーションのような計算をしますので，計算して唯一解を求めるわけではありません。この計算誤差が 20％を超えるほど大きい場合には結果はそのまま信用できないことになります。

　図 14.2 の左の図は効果サイズの「prior」(事前分布) と「posterior」(事後分布) を示しています。横棒で 95％信用区間も示されています。円グラフでモデル 1 とモデル 0(帰無仮説モデル＝効果ないモデル) の比が示されています。図 14.2 の右の図は「Bayes Factor robustness check」(ベイズ因子の頑健性チェック) にチェックを入れる

## Independent Samples T-Test

Independent Samples T-Test

|  |  | statistic | ±% | df | p | Cohen's d |
|---|---|---|---|---|---|---|
| TestScore | Student's t | −3.31 |  | 6.00 | 0.0162 | −2.34 |
|  | Bayes factor$_{10}$ | 3.81 | 3.27e−5 |  |  |  |

[3]　[4]

## Bayesian Independent Samples T-Test

Bayesian Independent Samples T-Test

|  | BF$_{10}$ | error % |
|---|---|---|
| TestScore | 3.81 | 0.00327 |

図 14.1: 伝統的 $t$ 検定とベイズ $t$ 検定

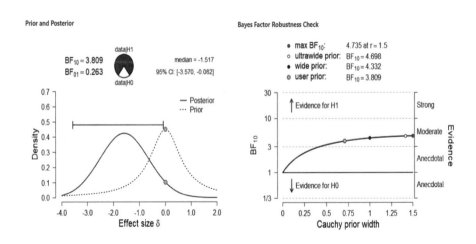

図 14.2: ベイズ $t$ 検定

と出力される図です。「user prior」(ユーザー指定モデル)，つまりデフォルトである「Scale」パラメータ 0.707 のコーシー分布を事前分布にした場合，より広い事前分布 (wide prior：Scale=1) や極端に広い事前分布 (ultrawide prior：Scale=1.5) の場合も示されています。こうして事前分布のパラメータを変えても結果が頑健で安定しているかを見ることができます。この例では Scale=1.5 のコーシー分布で $BF_{10}$ が最大値 4.735 になることがわかります。右端には $BF_{10}$ の値が示され，左端に「Evidence」(証拠：確信度) があります。事前分布のパラメータである Scale の値を変えてみても「Moderate」(中程度の証拠) に収まるので結果は安定していると言えるということになります。「error %」は 0.00327 と非常に小さいので計算誤差も心配がないことがわかります。

### ANOVA(分散分析)

　図 14.3 は伝統的な分散分析結果とベイズ分散分析の結果です。ここでは，教授法と午前・午後という独立変数が成績に及ぼす影響を検討するという 2 元配置分散分析の例です。

　ベイズ ANOVA の最初の行には「Models」(モデル) の他に「P(M)」,「P(M|data)」,「$BF_M$」,「$BF_{10}$」,「error%」が示されています。「P(M)」はモデルの事前確率です。どのモデルがより確かだという情報はないので 5 つのモデルは同じくらいの確率と言うことで 1/5 の 0.2 が等しく割り当てられています。「P(M|data)」はデータが得られた後の事後確率です。データによって情報が更新され，モデルの確からしさが変わっています。「$BF_M$」は事前オッズから事後オッズへの変化です。「$BF_{10}$」はベイズ因子でモデル 1 とモデル 0 の確からしさの比を表しています。「Order」で「Compare to null model」に，「Bayes Factor」で「$BF_{10}$」にチェックを入れているので帰無仮説モデルを 1 として比較したベイズ因子の値が表示されています。ここでは教授法と午前午後の主効果だけのモデルが，効果がないとする帰無仮説モデルよりも 15.67 倍もっともらしいことになります。0.968 と 3 以下の午前午後は主効果が認められません。「Order」で「Compare to best model」にチェックを入れると，帰無仮説モデルではなく，最良のモデルとの比較が表示されます。最良のモデルを 1 とした時の値になるので，1 以下が表示されることになります。

　この分析では従属変数である成績に対して独立変数を 2 つ指定しているので，伝統的な ANOVA なら主効果 2 つと交互作用 1 つが検定の対象となります。ところが，同じ指定をしてもベイズの ANOVA ではそれ以外に「Null model」(帰無仮説モデル),「Teaching+AMPM」(教授法主効果と午前午後主効果モデル) が追加されています。ベイズ統計ではモデルの比較に主眼が置かれますので，伝統的な分析で暗黙のうちに比較対象としていた帰無仮説モデル (これは変数の効果がいっさいない平均値だけのモデルに相当します) も加わります。また，交互作用のない主効果だけの

## ANOVA

ANOVA - TestScore

| | Sum of Squares | df | Mean Square | F | p | $\omega^2$ |
|---|---|---|---|---|---|---|
| Overall model | 3049.5 | 3 | 1016.5 | 18.651 | 0.00816 | |
| Teaching | 2112.5 | 1 | 2112.5 | 38.761 | 0.00339 | 0.620 |
| AMPM | 924.5 | 1 | 924.5 | 16.963 | 0.01463 | 0.262 |
| Teaching ＊ AMPM | 12.5 | 1 | 12.5 | 0.229 | 0.65700 | −0.013 |
| Residuals | 218.0 | 4 | 54.5 | | | |

[6]

## Bayesian ANOVA

Model Comparison - TestScore

| Models | P(M) | P(M\|data) | $BF_M$ | $BF_{10}$ | error % |
|---|---|---|---|---|---|
| Null model | 0.200 | 0.0321 | 0.133 | 1.000 | |
| Teaching | 0.200 | 0.1222 | 0.557 | 3.810 | 0.00326 |
| AMPM | 0.200 | 0.0310 | 0.128 | 0.968 | 8.86e−4 |
| Teaching + AMPM | 0.200 | 0.5026 | 4.041 | 15.666 | 2.09480 |
| Teaching + AMPM + Teaching ＊ AMPM | 0.200 | 0.3121 | 1.815 | 9.730 | 1.56574 |

[5]  [3]  [7]

Analysis of Effects - TestScore

| Effects | P(incl) | P(incl\|data) | $BF_{Inclusion}$ |
|---|---|---|---|
| Teaching | 0.600 | 0.937 | 9.89 |
| AMPM | 0.600 | 0.846 | 3.65 |
| Teaching ＊ AMPM | 0.200 | 0.312 | 1.81 |

図 14.3: 伝統的 ANOVA とベイズ ANOVA

モデルも可能なモデルとして加わっています。ここで交互作用だけのモデルがない
と思うかもしれませんが，交互作用ある場合，それに関わる主効果がないモデルは
除外されます。この規則にそってすべてのモデルがベイズ ANOVA では比較対象モ
デルとして表示されます。ここでは帰無仮説モデルも含めて 5 つのモデルが出力さ
れています。ただ，独立変数の数が増えると問題が出てきます。仮に変数を 1 つ増
やして 3 要因の ANOVA とすると伝統的 ANOVA ではそれぞれの主効果から 3 次
の交互作用まで 7 つの効果の検討で済みますが，ベイズ ANOVA で分析すると 19
ものモデルが出てきてしまいます。さらに変数を 1 つ追加すると 167 ものモデルが
出てしまい，ほとんど収拾がつかなくなります。そこで個々のモデルごとの効果を
要因ごとにまとめてしまうことが考えられます。このことをモデル平均化 (Bayesian
model averaging: BMA) と呼びます。そのためには「Output」(出力) で「Effects」
(効果) にチェックを入れます。図 14.3 の「Analysis of Effects」の表が，その出力で
す。個々のモデルの代わりに教授法と午前午後，交互作用の 3 つだけがまとめられ
ています。この表には「Effects」(効果名)，「P(incl)」，「P(incl|data)」，「$BF_{inclusion}$」
が示されています。「P(incl)」はその効果をまとめた事前確率になります。例えば，
教授法は P(incl)=0.6 とありますが，モデル全部を示した上の出力のうち，教授法
が入っているすべてのモデル (ここでは教授法主効果，教授法主効果と午前午後主
効果，2 つの主効果と教授法と午前午後の交互作用の 3 つのモデル) で P(M) の値を
足せば 0.6 になることがわかります。「P(incl|data)」はデータが得られた後の事後
確率です。最後の「$BF_{inclusion}$」は，その要因を入れた場合と入れない場合のベイ
ズ因子を表しています。ここでは教授法が 9.89 になっていますので，教授法がない
モデルと比べて教授法があるモデルの方が 9.89 倍もっともらしいことを意味してい
ます。一方，交互作用は 1.81 と 3 以下なのでモデルに入れてもあまり意味がないこ
とがわかります。

# 参考文献

[1] Gunel, E., & Dickey, J. (1974). Bayes Factors for Independence in Contingency Tables. *Biometrika, 61*(3), 545-557.

[2] Hinne, M., Gronau, Q. F., van den Bergh, D., & Wagenmakers, E. (2019). A conceptual introduction to Bayesian Model Averaging. https://doi.org/10.31234/osf.io/wgb64

[3] 古谷 知之 (2008). ベイズ統計データ分析　朝倉書店

[4] 岩波データサイエンス刊行委員会 (編) (2015). 岩波データサイエンス Vol.1　岩波書店

[5] 小島 寛之 (2015). 完全独習 ベイズ統計学入門　ダイヤモンド社

[6] 久保 拓弥 (2012). データ解析のための統計モデリング入門　岩波書店

[7] 松原 望 (2010). よくわかる最新ベイズ統計の基本と仕組み　秀和システム

[8] McGrayne, S. B. (2011). *The Theory That Would Not Die: How Bayes' Rule Cracked the Enigma Code, Hunted Down Russian Submarines, and Emerged Triumphant from Two Centuries of Controversy.* Yale University Press. (マグレイン, S. B. 冨永 星 (訳)(2013). 異端の統計学ベイズ　草思社)

[9] 涌井 良幸 (2009). 道具としてのベイズ統計　日本実業出版社

[10] 涌井 良幸・涌井 貞美 (2012). 図解これならわかるベイズ統計学　ナツメ社

[11] 大久保 街亜・岡田 健介 (2012). 伝えるための心理統計　勁草書房

[12] Salsburg, D. (2002). *The Lady Tasting Tea: How Statistics Revolutionized Science in the Twentieth Century.* Henry Holt and Company. (サルツブルグ, D. 竹内 惠行・熊谷 悦生 (訳)(2006). 統計学を拓いた異才たち　日本経済新聞社)

[13] Jamil, T., Ly, A., Morey, R.D., Love, J., Marsman, M., & Wagenmakers, E. (2017). Default "Gunel and Dickey" Bayes factors for contingency tables. *Behavior Research Methods, 49*, 638-652.

[14] 豊田 秀樹 (編著) (2015). 基礎からのベイズ統計学　朝倉書店

[15] van den Bergh, D., van Doorn, J., Marsman, M., Draws, T., van Kesteren, E.-J., Derks, K., Dablander, F., Gronau, Q. F., Kucharsky, S., Komarlu Narendra Gupta, A. R., Sarafoglou, A., Voelkel, J. G., Stefan, A., Ly, A., Hinne, M., Matzke, D., & Wagenmakers, E. (2020). A tutorial on conducting and interpreting a Bayesian ANOVA in JASP. *L'Annee Psychologique/Topics in Cognitive Psychology, 120*, 73-96.

[16] van Doorn, J., van den Bergh, D., Bohm, U., Dablander, F., Derks, K., Draws, T., Etz, A., Evans, N. J.,Gronau, Q. F.,Hinne, M., Kucharsky, S., Ly. A., Marsman. M., Matzke. D., Akash R., Narendra Gupta, K. N., Sarafoglou, A., Stefan, A., Voelkel, J. G., & Wagenmakers, E. (2019). The JASP Guidelines for Conducting and Reporting a Bayesian Analysis. https://doi.org/10.31234/osf.io/yqxfr

# 索　引

著者紹介

小野寺 孝義 [執筆章→1・2・9・10・11・12・13・14]
1959 年　北海道生まれ
1988 年　大阪大学大学院人間科学研究科博士課程単位取得退学
現在　広島国際大学健康科学部教授
主要著書
心理学概論（共編著　ナカニシヤ出版），2011
実験計画法（共著　日科技連出版），2012
心理教育統計法（共編著　放送大学出版），2015
実践的メタ分析入門（共編著　ナカニシヤ出版），2018


大藤　弘典 [執筆章→3・4・5・6・7・8]
1980 年　茨城県生まれ
2012 年　北海道大学大学院人間システム科学専攻博士課程単位取得退学
現在　広島国際大学健康科学部講師
主要著書
心理学を学ぶハード＆ソフト（共著　ナカニシヤ出版），2009
心理学概論（共編著　ナカニシヤ出版），2011

**jamovi で学ぶ心理統計学**

| | | |
|---|---|---|
| 2020 年 10 月 10 日 | 初版第 1 刷発行 | 定価はカヴァーに<br>表示してあります |

著　者　小野寺孝義
　　　　大藤　弘典
発行者　中西　　良
発行所　株式会社ナカニシヤ出版
　　　　〒606-8161　京都市左京区一乗寺木ノ本町 15 番地
　　　　　　　　　Telephone　075-723-0111
　　　　　　　　　Facsimile　075-723-0095
　　　　Website　http://www.nakanishiya.co.jp/
　　　　Email　　iihon-ippai@nakanishiya.co.jp
　　　　　　　　　郵便振替　01030-0-13128

装幀＝白沢　正／印刷・製本＝創栄図書印刷株式会社
Copyright © 2020 by Takayoshi ONODERA and Hironori OOTOU
Printed in Japan
ISBN978-4-7795-1504-0 C3011